Wealth
大川隆法 著
發展思考・繁榮思考
此為將財富吸引而來的必要心法！
讓人們獲得幸福的金錢是一種善，但如何才能賺錢呢？
最重要的是「不抗拒財富」，
而且要抱持著「希望世道富庶，人人幸福」的心態
財富的本質是什麼？
一言以蔽之，就是「對許多人有幫助」
財富吸引力

What's Being 033
財富吸引力

國家圖書館出版品預行編目(CIP)資料

財富吸引力 / 大川隆法著. -- 初版. -- 臺北市 :
信實文化行銷, 2014.07
面； 公分. -- (What's being ; 33)
ISBN 978-986-5767-30-3（平裝）

1. 成功法 2. 財富

177.2 103012807

作者 大川隆法
總編輯 許汝紘
副總編輯 楊文玄
編輯 黃暐婷
美術編輯 楊詠棠
行銷企劃 陳威佑
發行 許麗雪
出版 信實文化行銷有限公司
地址 臺北市大安區忠孝東路四段 341 號 11 樓之三
電話 （02）2740-3939
傳真 （02）2777-1413
網址 www.whats.com.tw
E-Mail service@whats.com.tw
Facebook https://www.facebook.com/whats.com.tw
劃撥帳號 50040687 信實文化行銷有限公司

印刷 上海印刷廠股份有限公司
地址 新北市土城區大暖路 71 號
電話 （02）2269-7921

總經銷 聯合發行股份有限公司
地址 新北市新店區寶橋路 235 巷 6 弄 6 號 2 樓
電話 （02）2917-8022

2014 年 7 月 初版
定價 新臺幣 290 元

第一篇 發展思考 目錄

第二篇 繁榮思考 目錄

第一篇 發展思考

發展思考　前言

本篇是在我宣導的幸福四大原理「愛的原理」、「知的原理」、「反省的原理」和「發展的原理」當中，以「發展的原理」為中心所著。

對於多數人所關心的富足、發展、幸福、成功的各個主題，我以不侷限於世間性的觀點，加入了心靈世界的解說。

本篇是我的成功理論自信之作，特獻給讀者。反覆閱讀可助你獲得真正的成功，並能體會到靈魂昇華的神秘感覺。

幸福科學總裁　大川隆法

第一章

Chapter 1

何謂真正的富裕

一、以「佛」為中心的思考模式

信仰心並非存在於世間常理之中，它是為了衝破世間與靈界之屏障，使佛的世界顯現於世間而存在。在靈魂實在界，意念即是現實；而在這世間，意念也能令現實顯現。宗教就是為了提醒人們有這樣的法則而存在。

所謂世間科學，的確可以對原因和其導致的結果做邏輯說明，任何人去做結果都相同。但宗教卻遠遠超越了世間科學，甚至能使因果定律改變，發生超越世間常識的事情。然而，近佛的高級靈認為這不足為奇，這才是真實世界的本來面目，只是現代人覺得奇怪罷了。佛在悠久的過去唯以意念創造了宇宙、地球和人類。以意念創造了一切的佛位於我們居住的世界之中心，而居於外緣的人卻往往以自我為中心考慮事物。但事實上，以人為中心的想法是大錯特錯，只有以佛為中心的思想，才是做人的初衷，人們將這個道裡忘記許久了。

各位靜下心來想一想，這樣的自己幸福嗎？能立即回答說自己幸福嗎？恐怕說出來的首先是一個個煩惱心事吧！然而如果深入思考，便會發現列舉出的不幸之因，盡都是微不足道的小事。

佛在久遠的過去，以意念創造了宇宙，既然佛創造的佛子即是人的本質，為何要對瑣碎的煩惱放之不下呢？各位的煩惱是什麼呢？是不是疾病？經濟拮据？人際關係不好？工作不如意？婚姻不美滿？孩子不好教等等各種各樣的煩惱呢？

但是若將煩惱寫在紙上拿給佛看，祂會怎麼說呢？祂一定會說：「我看你是太閒了。你每天都為這些小事煩惱嗎？讓我處理這種事也太無聊了。能不能把更重大的事拜託我，這種小問題不用仰賴我，它本是你自己能解決的問題，在我創造的你的心靈裡本來就有這樣的能力，打開心胸好好地看看吧！裡面不是有個方向盤嗎？往右轉，煩惱即會消失；往左轉，煩惱即會出現。就是這麼簡單的事，難道這個道理你不知道嗎？」佛定會如此回答你。

把煩惱交給佛的人，聽到如此回答後會摸不著頭腦，心想千里迢迢拜見佛傾訴心事得到的回答卻是：「答案就在己心。」欲求解方，佛卻說打開心胸扭轉方向盤即可。或許你會感到失望，心想長途跋涉來拜佛算是白跑了。其實事情就是這麼單純，世界萬象都是隨著秉持何種意念而展開。然而，活了幾十年的人都會依某種自我來界定自己，但那種自我界定的基準並沒有誰予以認定。或許是周遭的人對你有某些看法；隨之，你便也那樣去看待自己，或許這就是你的憑據。

但人能夠突然發生轉變，自「幸福科學」的活動開始以來，我看到許多人發生著轉變。人是會變化的、人也可以改變，藉由什麼機緣呢？當然，人有了許多經歷後會發生轉變。

首先，想法的變化會改變一個人，我認為思考方法非常重要。因而在某些地方我不同於其他宗教家，當我聽到有人為貧窮而煩惱時，便會覺得此人為何把自己逼到這種地步呢？我並不建議為幫助別人而一味給予金錢支援，因為使自己處於貧窮地步的，難道不是他自己嗎？只要心中執著於貧窮不放，就絕不可能富有起來；或許這聽起來像是沒有憐憫心在信口開河，但這個事實是千真萬確的。

二、將心念轉向成功

我在此先不說個人的案例，而以具有影響力的案例來解釋其真實性。一百多年前，卡爾．馬克斯撰寫了《資本論》，在共產主義宣言之後，其思想傳播到了世界各地，共產主義幾乎橫掃了半個地球。但眾所周知，不久前，其思想開始迅速崩潰瓦解了。

當我們以歷史學家的眼光來思量，共產主義潮流在百年文明之流中，可以簡單概括出一句話，即「愛貧者貧」。百年動蕩僅證實了這一個法則，馬克斯主義思想根基是什麼呢？那就是把貧窮視為正義的思想。

「人所以貧窮，都是因為有人在壓榨窮人，因為有剝削者的存在，所以我們才會貧窮，窮人總是正確、富人總做壞人；因此，需要以暴動和革命去推翻這些有錢人，窮人應該結成共同體過平等的生活」。簡單明瞭地來說，這就是共產主義的主要思想。若信奉這樣的思想的話，就絕對無法擺脫窮困。

因為如果變富裕後，自身就會失去正義了，只有貧窮才可以高呼正義，自己一旦富有了，就屬於資產階級，屬於被打倒的一方。因此不可以讓自己變得富有，繼續貧窮才能使正義維持下去。其精神狀態，首先，此人會向外界尋找不成功的種子，大都會這樣向外界尋找負面的事物。比如，政府不好、大公司企業霸道、某人很壞、環境和時代不利、景氣不好等等的理由不勝枚舉。總而言之，自己是因外在原因才會有如此下場，進而形成了一種被害妄想的哲學。

的確有些抱怨也可以說是常情，但如果信奉這種思想的人增多的話，世人的積極性將會逐步歸零，隨之在意識上將嫉妒心正當化，認為妒忌別人是合理的。於是會心想：「成功者都做了見不得人的事才成功，大家應齊心協力整治他。」但僅在這類事情上下功夫是絕不可能獲得成功的。譬如：即使是年紀尚小的孩子，如果對成績好的同學看不慣，說他之所以書念得好是因為他家有錢、父母有學歷等等，如果堅持如此學習態度，去責怪家教或補習班，一味尋找成績不好的藉口的孩子，最終是不可能有好成績的。

雖看到了一些對別人有利的事情，但不斷勤奮努力的孩子，自然就會將書念得好。在枉費心思、嫉妒別人的人，是絕對不可能念好書的。人一旦開始羅列自己未做努力的藉口，就會進而將這個心態正當化，從而變得懶惰。這個道裡已經過百年以上的時間來實驗過了。信奉嫉妒合理的哲學並以此為立國根基的話，國家會變得經濟衰退、社會動盪不安、人人陷入貧窮。

人們近年來終於對這道理有所醒悟了，雖然仍有些學者不信這個道理，但那已是不合時宜之事。總之，世界會因為人們以何為是、或以何為非而有所轉變。

或許有人認為這只是大規模文明驗證與自己並無切身關係，然而各位週遭必有此類靈魂傾向的人。譬如，在兄弟姊妹、父母、親戚、朋友或工作職場上，總有某些人把自己不順利的理由，怪罪在他人身上。當別人發跡時，予以抨擊的人就會出現，說此人會看人臉色、在搞人際關係等，這樣說閒話的人不太可能出人頭地。道理即在於其人在努力尋找不能作為楷模、不想向他學習的人，同時把這個負面印象刻入了自己的潛意識。

我曾在《28個幸福處方箋》一書中例舉了此類人的特徵，在現實社會上這樣的人太多了。若從整體來看，很可能一半以上的人有這種心理傾向；如果自己一昧地為自己無法成功的事實做辯解，就請務必脫離這種想法。必須把思考方向轉到怎麼做才能使自己成功之上來，其實事情就這麼簡單，儘管在自己不成功的方向上如何捉摸、費盡唇舌做解釋，也無法使世界變得更加美好、也無法使自己變得更好。

如果現狀不好的話就應該做與其相反的思考，去思考如何做才能使其好轉，這才是思考的重點。當明確了好轉之方向，也做出了具體措施，並對其深信不疑的人，現實就會真的好起來。再譬如，世上有很多病人，雖說有些疾病是無法迴避的，但不能否認很多病因，是由此人的思考方法和精神所導致的。假如對病人說：是你喜好疾病所以才生病的話，想必對方會很生氣，但有些人確實如此。

世上有很多人是因在人際關係、事業上遭受挫折而患上憂鬱症，除非讓自己生病別無他路可走，其潛在意識認為只有生病一切才可以得到原諒。於是在我的過錯可因此受寬赦，責任也可因此不用再承擔了的念頭下，迫使自己走向病魔。有時頭腦雖然沒有去想，但潛在意識裡的心態造成了現實，要讓自己生病，就開始去做有害健康和奇怪的事，因此身體在突發性的強迫和重重負擔下病倒了。雖然當事人會說：我真不幸啊！命運不放過我！或是去尋求別人的同情。但請務必知曉，就在內心深處，存在著想藉由生病逃避現實的念頭，這樣的事情屢見不鮮。

相反的，有志成功的人會怎麼對待呢？真心想成功的人，在身體出現了生病徵兆時，就會反省注意身體健康或在工作上做調整等，聽取他人的勸告、接受各種人的建議，從而改變自己的生活態度。唯獨擁抱疾病不放的人，即使有再多的勸告也聽不進去，即使幾個月前有人提醒說：你這樣下去會倒下的！但當事人會覺得別人囉嗦，認為沒什麼了不起的一味蠻幹，直到某一天自己突然病倒了。這種對自己不負責任而造成的疾病也會給身邊許多人帶來困擾。

真正有責任感的人會為了避免身體生病，做適度的調整以防範未然；但只有不負責的人才過度逞強，結果給周遭的人帶來困擾。是讓自己變得幸福、還是走不幸和失敗之路？一切緣由都印在自己心中的影像上。過去的已經過去了，在發生的許多事中有成功也有失敗，但沒必要畏懼過去的諸多挫敗；不過，對自己溺愛失敗的心理傾向倒應該抱持戒心。

你無須將以往的挫折再次當作今後失敗的原因，即便有過失敗的經歷，也不能說明今後也必定有失敗。倘若你發現自己處於失敗的模式中，就必須對執愛失敗的傾向持戒心。總在內心觀望過去失敗景象的人，將會重蹈覆轍在一條路上循環往復。

因此，再回到前面的話題，在現實中真的有人熱愛貧窮，雖然他本人否認自己是這種人，但在我看來，有不少的人總是在自己貧窮的圈子裡打轉。甚至讀了這篇「何謂真正的富裕」之後，仍然固執己見、繼續抱著執愛貧窮的心回到家中，還說自己做不到，這是與自己無緣的理論等。很多人對貧窮習慣了，但請各位瞭解，如此度過一生，即便死後墮入地獄也不會是別人的責任。只要能認識到了必須自負責任，自願繼續做窮人也沒人怪罪你。

希望人們都能明白「自負責任」之原則。

三、現代人容易墮落的地獄

在靈魂世界中確實存在著天國與地獄，地獄中有各種層次、有多種型態。地獄活動頻繁，人口眾多，因為世間人的墮落五花八門承受著各種靈性的痛苦，所以在死後回到靈界墮入相應的地獄。

首先最有關聯性是餓鬼地獄，這個地獄是怎樣的情形呢？大家可能從電視或圖片上看過難民淒慘的情形吧！骨瘦如柴、只有大大的肚子挺出來、臉部毫無表情；實際上與地獄很類似。雖然每種地獄靈呈現的模樣不近相同，有的喧嘩凶暴、有的披頭散髮到處狂奔、有的貧窮得連長頭髮都想節省，因此沒有頭髮現出、鋸齒無牙等猙獰面目真的就像一些地獄畫那樣，用飢瘦如柴的餓鬼等詞彙來形容地獄靈是非常貼切的。

那些餓鬼地獄的地獄靈的欲望是什麼呢？是無止境的欲望，第一想獲得的是食物。但在靈界只能透過食物為象徵的想法，顯現出的是地獄靈從他人身上奪取的心態。在靈界地獄裡偶爾也有食物，雖有食物，卻會使地獄靈求不得苦的心態加倍。譬如：地獄靈餓著肚子爬山而山頂上有累累香甜的香蕉；雖然有，實際上卻都是幻覺。等爬到了這些香蕉樹下時，他們會覺得終於到手了。當正欲食用時，香蕉忽然燃燒變成了氣體；地獄靈要喝水時也是一樣，喉嚨乾渴不堪在沙漠中爬呀爬呀，千辛萬苦的找到了綠洲，當正想狂飲甘泉時，水即刻全部蒸發不見了。

有些地獄靈不知悔改，經受幾百年重複性的懲罰仍未覺醒。因如此痛苦而暴躁的靈，自然食物已經填不飽肚子，由於肚子太餓進而想吃同類地獄靈，真的在地獄中鬧鬼。其實靈界中並無物質食物、也沒有肉體；當以為把對方吃下去時，對方又瞬間閃現出來，地獄靈會覺得讓你跑掉了，可這次休想，便再次把對方狼吞虎嚥下去，可是對方還是逃出來，無論怎樣吃也永遠吃不飽，無始無終。

各位會不會覺得這是天方夜譚呢？貪婪心、掠奪心或對他人奢求心強旺者，會淪為這種結局。在此有一個非常清楚的自省要點，自己對這方面的慾望是不是很強，有沒有屬於他人的也要搶走的心？是否有奪取心，在聽說可撈一把時，就會如魚上鉤咬著不放、想全都佔為己有的念頭？內心是否有總是無法滿足的心情？持類似心念的人將會墜入地獄，這樣的人大有人在。

另一個地獄是與現代人相關的地方，就是距離餓鬼地獄不遠的阿修羅地獄。這是一個專門讓那些對人苛刻欺弄、惡言傷人的人所去的地方。當然真心為人好的、忠言逆耳的批判責備，則算是用另一種方式表達的愛的行為，並非壞事。但如果皆為了發洩自己個人的不滿，以不用惡口傷人不過癮的心態說壞話的那種人，就會墮入阿修羅地獄。

在這裡有許多古時候戰爭中互相殘殺的士兵，而現代戰爭中的已少會墮入此地獄。多半是常常相互爭鬥、唇槍舌戰的人，而在靈界則習得操槍用箭，然後互相殘殺。但是在靈界無論如何砍殺對手都不會死亡，因此永遠重複做傷害對方的動作，直到此人醒悟、厭煩至極為止。

在這方面易犯錯誤的人，多是信奉馬克思主義的人，只會罵社會和政府、咒罵別人，把所有錯皆歸於自身以外的人，以此自表正義的人，大多會墮落到此。但這還僅是屬於一般的人，若是某些名人的話則會落入更深的地方。

另外，在新聞媒體界中屬於黑色媒體的、卑劣沒有品行的人都會到那裡去，然後在那個世界與人相互傷害。盡做惡口傷人之事的人之中，也有極富有指導能力的人。譬如，一些評論家、思想家、老師以及教祖等，像這種對人有影響力的人總是惡口傷人的話，就不僅是墮落入阿修羅地獄，還會更往下墮落；並且不只一層而是二、三層甚至更深的「無間地獄」，這是一個極深的地獄，領導級的人物墮入地獄時的去處；一旦墜入這裡幾乎都只有自己一個人，等於被隔離；由於此人影響力太大，會一直落入到無人知的地方；若影響力不大的話，最多也就是互相傷害；但危險人物具有煽動性，從而會墮入到很深的地獄去。這也是此人靈魂執著比重過大，便一直落到底層。

再談離阿修羅地獄不遠的色情地獄，現今墮落入這個地獄的人愈來愈多。這是在男女關係上有異常生活方式的人墮落的地方，尚在年輕時犯了小過錯，當然可以被原諒。但當長大懂事後，在男女關係上惡習不改的人，會落入色情地獄。那裡有頗負盛名的血池地獄，男男女女總在血池裡交合在一起。若從客觀的角度來看醜陋不堪入目，怎麼說呢？其景如同泥沼裡成群的蚯蚓在戲耍一般，血池地獄是這樣一個地方，可是卻有很多人認為這是一個極樂完美的世界，所以始終無法脫離。人在倫理道路上很容易走偏，做錯了就必須好好地反省。

佛並非嚴酷到只要人做錯了一件事，就一定會給你烙上絕對要下地獄之烙印。凡是人都會犯錯，但要藉著機會好好地做反省，悔過自新，使自己糾正過來即可。假設有些人在感情上有類似的問題，我也不會僅針對這個問題說你死後定會下地獄，或許其中有些人能夠在其它方面為人帶來幸福，所以不想一概而論。但要知道，異常複雜的異性關係，往往會使人們彼此產生嫉妒、猜忌，那就是地獄性的心境了。人們心中的猜疑和嫉妒，會使得家庭或家庭之外的環境，向地獄化發展，所以這種心念實在不可有。

在生活中要有「知足心」，這可孕育許多幸福萌芽；以上這些是我們現代人需要予以警惕的問題。

四、善財的累積

前面講述的是與食物有關的地獄諸相，此外還有與金錢有關的地獄。金錢中含有難以領會到的意義，若論本質，金錢本身的價值中立，沒有善惡之分。若縱觀近代社會經濟發展，便可以認識到金錢確實發揮著善的效用。譬如，在一些發展中的貧困國家裡，若經濟上能夠稍微富裕一些，即可使許多人的心免遭地獄性的痛苦。經濟貧窮使犯罪現象和疾病的發生有所增加，許多人處於如此痛苦的狀態中死去，免不了會使地獄之靈域不斷地擴張下去。透過推動社會經濟，改善社會、生活環境，減少墮落地獄的人，在此意義上講，金錢或許是善;這一趨勢也是無法否定的事實。

譬如，曾在印度的德蕾莎修女（Mother Teresa, 1910 – 1997）組織了護理病人的救濟活動。但若政治賢明，宗教就未必需要承擔這種活動了。一個國家在能推動有效益的政治及其所帶動出的經濟之繁榮，必定會找出以建立醫院來拯救病人的方案。但因為缺少這份工作，所以直到現在那種狀況仍未改善。因此可以說，對於此類問題之解決，經濟繁榮具有善的含義。

自古以來，經濟本身之中存在著一個陷阱。耶穌曾說過：「若是要有錢人進入天國，倒不如讓一隻駱駝穿過針孔還來得簡單些。」這句話或許很容易讓人產生誤解，其實它的真正的意思是：「過於『執著』世間物質性價值，完全無視心靈、靈界的意義和存在的人，將會落入地獄。要讓此類人上天堂，比讓駱駝穿過針孔還困難。」耶穌這句話的最終意思，其實指出了「執著」可怕的一面。「執著」之恐怖，就在於一旦人過於注重物質享受，其欲望將使此人的心變得世俗化，完全遺忘了心靈世界、靈界的存在，也會完全遺忘那始終護祐著自己的守護靈之存在。

只執著於如何活在世間的人，是不願接受自己守護靈存在之事實的。讀者若想瞭解自己的執著心是否很強烈，就請試著想像，有守護靈整天都在身邊注視著自己。你能夠忍受得了這樣的注視嗎？可以受得了每天有人從早到晚看著自己嗎？能夠承受這種注視的人，其心境是純潔的。能夠接受守護靈注視的人，即使心中有了惡念，也會立刻反省。若你做錯了事時，能當下反省的話，由靈界注視著你的靈人是會原諒你的。與之相反，對於拼命在企圖以花言巧語陷害別人的人來說，其心思是見不得人的。所謂惡事，不被人知才有可能得逞，若被人看透就不可能去做了。

因此，若你的守護靈看到你日復一日，勤勉於工作後說：「如此努力工作增加積蓄，不簡單！」等話，就表示你是合格的，是沒問題的。相反的，如果怕別人看到自己的心，就說明有需要改正的地方。讀者們可以假設自己整天被人觀察著，於是就可以認識到自己是怎樣的人。厚顏無恥的人除外，有正常的感覺的人，若心中所思所想的事情，全都被人看透，但卻還能平心靜氣的人，是不會有問題的。因此，不得不說害怕別人知道自己的心思的人，正處於一個極為危險的心境。

「金錢」像是一把雙刃劍，一面有益，一面有害。遵循善因善果，透過揮灑汗水拼命工作而創造的財富，屬於善的一面。明白地講，這是一種正面積極的善。假如把它視為惡的話，就會進入前面所講述的馬克思主義思想的世界，所以要多注意。還有一點也請各位思考，若僅是自己一個人貧窮的話倒還無所謂，但如此思考是有可能會影響他人的，因此這種想法很危險。

其次，這倒不是就德蕾莎的話題而言，請大家銘記在心，富裕能夠消除某些痛苦與煩惱。這意思是說，勤奮、認真地去做對社會有幫助的工作，正當地積存財富，這是千真萬確的善。若不明白這個觀點，或許會步入歧途。

隨之，有益地運用財富，更為善。為自己而勤奮地工作，是可以得到肯定的，但若進而將積蓄的財富運用在有益的地方，就將成為大善。這種善透過繁衍，以善招善，以福招福，即可逐步形成巨大的善業。

請讀者們試設想一下，其實我並不太喜歡單純地使用二分法將人分成好人與壞人，但假設真有一個這樣的界定範圍，被分到壞人那一部分的人，擁有很多的財富，但在善人範圍裡面的人卻都很貧窮，這個世界將會變成怎樣呢？假設，壞人濫用其經濟影響力，操縱世界的話，這將成為一個非常嚴重社會問題。我認為，要讓那些存有善心以及正直之心的人富足起來，社會才會變得更好。只有懷有善心的人具備經濟能力，才能夠拯救別人。

若善良之人反而在經濟上面臨貧困，雖然還可以享受限於個人範圍的平靜的幸福，怡然自得地過著清貧的生活，但只是滿足於個人清貧的生活的話，是很難積極地為別人謀幸福的。在你因為難以為他人創造幸福而沈悶之時，那些財大勢大的壞人卻更加無惡不作，這是無法忍受的。古人言：「善人抬頭，惡人沉淪。」這樣才能夠接近佛所期望的理想世界。

然而，善人在走向富裕的過程中，需要留意的一點，就是有關「執著」的問題。若太過於執著的話，將過不了天國之門。因此，沒有執著、越富越謙卑，有心為社會做有意義的事、為社會的繁榮富庶而努力的人一多起來，世界就會不斷地好轉。具有社會影響力、擁有財富的善人不斷的增加，能夠使世界轉向好的一面。

五、透過理想與愛的發展

我希望覺悟真理，虔心學習佛法的人都能富裕起來。我認為，金錢在發揚善的力量這一點上，具有巨大的功德。對此從心靈實相世界的觀點來看，也是無庸置疑的。人若是心中充滿善念，秉持著要造福社會及眾人的心念在工作，懷有一顆拯救他人之心的話，其守護靈亦會發光，並散發出充滿喜悅的活力。守護靈會為你加油，在你一個人力不從心的時候，他也會在靈界四處奔走，呼喚眾人來協助你。當你在世間需要創立事業之際，前來協助你的人就會出現，使得事業順利進行。

如果你是一個生意人，當你心存想販賣高品質的商品、想提供優良的服務給客人之時，前來消費的人就會多到驚人。即使是普通商品也不可以忽視，好比說，在製造一隻杯子時是否用心，日後會對使用者造成一定的影響。銷售粗劣的商品、牟取暴利等做法，會對使用這些商品的家庭造成不良的影響。而對工作充滿熱忱的人所生產的產品，能夠帶給使用者的家庭一個很好的波動。

如果想預測一間普通的個人商店能否發財，可以看看經營這家商店的夫妻間的感情是否美滿。夫妻關係圓滿的話，即使一時遭遇到了困難，日後也必定能再開闢出一條康莊大道來。如果夫妻間的關係很緊張，家中又是患病現象不斷的話，即便如何做努力也很難順利。

人只要有一顆溫暖開朗的心，在工作或生意上勤奮不懈，靈界各方面也會給予你鼓勵。對於那些為了讓世界更美好，心地清澄明淨的人，從靈界會產生相應的感應。在持如此心願、人格可靠的人的身旁，能夠聚集許多前來相助的人。於是，邁向成功的道路就會逐漸地開啟，這是非常圓滿的事。

我認為，真正地醒悟到了佛法真理的人不會越變越貧窮，經濟應該會變得富有、有良好的人際關係、形成受人喜愛的人格。通常，受人喜愛的人不能發跡的情況很少，沒有成就的人大多是不受歡迎的人。受人喜愛的人，能夠得到上司的推薦、部下的支持，隨之必定可以有所作為，必定會變得富有起來。

若如此富有的人就任公司領導者的話，公司職員們也會隨之有所發展，不單如此，這同時也促進了整個社會的發展。但是若讓相反類型的人居於領導地位的話，公司職員們的士氣會低落，甚至牽連到與其他公司的合作，出現負面的退化局面。

所以，我希望讀者們務必瞭解，持有何種心境是何等的重要。這不是說只是做一個表面看上去的老實人，應該秉持有益於他人、有益於社會的想法，並為此生活。可知，這樣做能夠創造出多麼巨大的財富啊！當人醒悟到了佛法真理後，專心致力、認真工作，成功後不驕傲，虛心繼續做努力，如此定能加倍創出更大的成功，變得更加富有。

總而言之，欲如此做人，就必須擁有「理想」，就必須有「施愛」之心。正因為心懷理想與愛之人，心中懷有著有益於眾人的想法，所以其事業必然能夠獲得更大的發展。

只是為享受小小的自家公司的利益，或僅為了滿足個人生意而打拼，幾乎不可能成就巨大的事業。一心為了眾人和社會的經營者，其事業必將出現無法阻止的繁榮和發展。

六、烏托邦經濟學

九十年代初期的美國有兩種社會弊病。

其一，是人們都拼命的節稅。公民不斷在如何免繳稅金方面努力，而政府竟也做出獎勵此舉的愚昧行為，於是，節稅產業便非常興盛。所有美國公民都在為了合法逃稅上花費心機，導致政府沒有稅收，財政收支極不平衡，最後不得不做出向其他國家伸手借款之下策。這種做法毫無道理，此為第一種社會弊病。

另一種社會弊病，即美國有一種惡性平等風潮在蔓延。人類幾百年來，以自由、平等、民主之口號為理想，造就了民主主義社會。可是這個平等是指人的靈魂之平等，即人的靈魂在上帝面前的平等、身為佛子的平等，任何人在出生之起點上是平等的。當人成長之後，此人能否成為總統無法得知，這要靠個人的努力及精進、諸多的人際關係及幸運之機遇等，才能造就出一位大總統，但出生時大家皆平等是先決條件；這才是平等的真意。

在此所指的是出發點上的平等、機會的平等，但若把它解釋為結果上的平等（成果平均分配），其結果就不堪設想了。那將會像我在前面講述的共產主義一樣，認真努力的人與偷懶怠惰的人所受的待遇將被一視同仁。這種主張乃是結果上的平等，最終，認真努力的人就當然會消失不見了。譬如說，當你透過辛勤工作，囤積了財富時，卻總是被人批評「你肯定是做了黑心的事，你只會奉承上司，耍手腕」等，你便會失去幹勁，這道理是一樣的。

若只注重結果上的平等，不管怎麼做努力也得不到公平的回報的話，或許怠惰的人會很高興，可是也會讓努力的人逐漸消失。所以，當那些依賴國家給予的社會福利以及補助金的人增多的話，國家必然會日漸衰退。

美國的社會弊病，一種是節稅產業和節稅行為的風行，另一種是過多的人提倡結果上的平等，並且被民眾認為是正當的現象。世上有許多不同的民族、不同能力的人，以及男女性別之不同等等，假如過於追求結果上的平等的話，就會壓制對努力的人應給予的相應的公平待遇。

某些大學也有同樣的現象，不管學生的學習能力如何，制訂特別的制度，讓一定比例的黑人過關，但這是不對的。這絕不是種族差別的問題，而是應該要根據個人在努力後的成果，做出公平的判斷。譬如，在日本針對男女工作待遇上的問題等，也常有類似問題的發生。可是我們不可不知，若過於迎合某些以發洩不平不滿為中心的運動，將會成為使一切衰退的根本。

因此，我們要認真、努力地工作，當個人富裕了之後，再以此為基礎，進而向他人伸出拯救之手，這種正確的做法在世間得到了發揚，國家也會逐漸步向榮盛。其實，不應該去讚揚那些不付一分一毫稅金的企業經營者。那種聚集了天下人才，運用資金，卻使公司不斷虧空的企業，其存在是惡。尤其是為節稅而巧立名目，揮霍金錢的浪費情形，無疑是社會的惡。因為，這樣的企業對社會根本沒有回饋。所以應該規規矩矩地做事，獲取正當的利潤，再盡心地為國家的前途和發展確實納稅，這才是真正應有的企業家精神。請讀者務必知曉，不納稅的企業，其存在意義將消失。

許多的現代人已逐漸忘記了如「國家」、「社會」、「佛神」及「永遠」等抽象價值，但這些是極為重要的，同時，將我們居住的社會建設成為烏托邦社會，也是十分重要的工作。

希望大家不要光挖空心思謀求自身渺小的利益，而應該同時為改善整體社會著想，促使其繁榮富庶，為此從事企業或個人的工作活動。這絕不會使你步入歧途，而會引導你走向成功與繁榮。

讓我們一同為「烏托邦經濟學」，在這世間得以實現努力吧！

第二章 Chapter 2 發展之道

一、發展的定義

「幸福科學」所主張的「發展」，其內容究竟是什麼？處於怎麼的情形才稱之為發展呢？

我想在此為「發展」做出定義。

「發展」之先決定義，即向佛境之進取。這就是說，並非單靠自身的力量，向實現自己希望的方向進取才稱為發展，至少，我們願望方向之發展，必須是朝向佛的方向，是向無限之高遠的佛，是向永恆之佛的方向伸展，如此才順應了「發展」之本質。

正如杉樹聳立直指藍天那樣，我們的「發展」也必須向佛的境界堅定不移地伸展，若是往其他的方向，是沒有完美的發展的。由此可知，我們做人是賦有何等的使

命轉生到這個世界上的。

我們人類被賜予了永恆的靈魂生命，不管無神論者怎麼否定，我們的靈魂擁有永恆的生命，過去、現在、未來連綿不斷，這是難以否定的事實。

當我們回顧過去的歷史時，生長在那個時代不正是你我嗎！現代的我們亦是為了撰寫未來歷史而存在的。

所以，當我們思考向佛的境界發展時，務必要謹記在心的是，我們人類的出現絕非偶然。人類非偶然誕生的生物，每個人的人生彼此相關。一切事物均在偉大意識的設計之中，在偉大的佛之規劃下運轉。我們有在這美麗的地球進行靈魂修行之承諾，當人們覺醒到了自身有這樣的承諾之後，向佛之發展也就是無可阻擋的了。

但是，縱觀現下社會，可發現許多尚未認知實相、尚未發覺新的時代已經開始的人，我為此感嘆和深感遺憾。

譬如，至今仍認為與心靈世界的交流，是一種虛構神奇之事的人還很多。這些人覺得人的肉體才是自己存在的一切，所謂靈界，也只是屬於與偶爾聽到一些幽靈鬼怪等話題有關的世界而已。

但是，只要是學習了「幸福科學」佛法真理教義的人，就無法否認心靈世界是真實的世界，並且感到我們生存的這個世間，反而是暫時性的世界。

這可以用電影來比喻，投影在電影螢幕上的畫面，其實是我們三次元肉體世界，而坐在觀眾席上看電影的，便是四次元以上靈界的靈人們。我們生活在這個三次元世界中，自認為自己看到的是一切，但是在觀看著我們一舉一動的靈人們，才是真實的存在。佛教稱這種不識實相的狀況為「無明」，人在「沒有光明」的狀況下是看不清任何事物的。

這個光明即是指智慧之光，擁有智慧，就如點燃了明燈，所以能夠看清什麼是真實的；所以可以把「無明」解釋為「無知」。

我們要面向發展，履行拯救那些尚處於無明、無知之中的同胞們之偉大使命，點燃人們的心燈，給予人們智慧的啟蒙，這就是我們走向發展期過程中的使命。

二、發展之喜悅

前一節已經講述了邁向佛的境界之發展，接下來做進一步論述。

發展的第二步思考，即「發展」的過程中，將伴隨喜悅的增長。有喜悅的增長，才是真正的發展。我們看一家公司是否有發展，並不是單純地看其業績數字，不是單純地看其擁有的房屋資產及員工數目之增加，而是在那裡工作的人們，其喜悅有所增加時，才是真正的發展。外表上的數字性的增長，只是為了這個真正的發展才存在的。

總而言之，若要體會真正的發展，就需要考慮喜悅的增長。人類幸福化之活動的大躍進、大發展必定伴隨著喜悅以及喜悅的增長。

如何才能使發展帶來喜悅的增長呢？我認為，首先每一個人應該成為「主角」。

的確，看棒球賽會覺得有趣，觀賞歌劇也會覺得有趣，可是，要品味真正的有趣，還是要親身去當參賽選手、做歌劇的主角才能懂得其中的喜悅。只有自己親身扮演主角，才能體會到至高無上的喜悅；這是無庸置疑的。

隨之，若要體會伴隨著喜悅增長的發展，大家就需要以身作則，做使喜悅增長的主角。這並非他人之事，我建議讀者們應將它做為自己的事重新思考。

「幸福科學」的發展，就是每位會員的發展，「幸福科學」整體洋溢著喜悅，就是每位會員的內心充滿了喜悅。我們不想培養出消極黯淡的會員，也不想培養出對一切都置身事外的會員。

我希望有緣來「幸福科學」相聚的會員們，每個人都能覺醒，大家均能成為「人類幸福化活動」的主角。希望人們切身實踐，湧現出真正的喜悅，不去實踐就無法獲得體會。

即便是從別人那裡聽到了再多醒悟的真理，及學習佛法上的喜歡，但若自己不去學習、實踐佛法真理，就難以獲得深入的理解；當你品嚐之後才知其味。法（佛法真理）要自己去學，去實踐，才能深入體會。

各位不要像旁觀者那樣，以「學佛法有何樂趣呢？」這種事不關己的態度，觀望學法的人。「請先接觸，嘗試實踐，如此就能體會到佛法的真意了。在評論『幸福科學』的教義是否正確之前，請先嘗試著接觸和實踐，這樣你自己才能獲得較深入的理解和答案。在問『施愛』究竟與幸福有何關聯之前，請先實踐施愛吧！若想知道施愛之後將會有何變化，就自己親身去體驗吧！只要這樣去做的話，說明將是多餘的。在認定其是否正確之前，就去實踐吧！只有透過實踐才能獲得理解。」這就是給那些對佛法真理持懷疑態度的人之回答。

在「幸福科學」的眾多書籍中，包含著許多心靈世界的知識。我想，對靈界神聖的存在持懷疑看法的人應該有不少吧！特別是在傳道初期，向各種各樣的人講述佛法真理時，此類詢問很多。這時應該對他們說：「請先接觸，然後實踐書中的內容，這樣你就知道其是否是真實的了。當你的實踐伴隨著喜悅，你的行動又將成為啟發周圍的人的契機之時，難道還能說這不是真實的嗎？難道還能說靈魂世界不存在嗎？是真是假，透過學習和實踐就明瞭了。」

在人生的各個階段上，隨著心境的提高，對佛法真理的理解就越深，並發現它充滿了光明。

讓我們一起從喜悅的增長中尋求發展吧！

三、發展的原動力

接下來，發展的第三步思考，即發展中伴隨著對未來的希望。

耶穌基督曾說過：「凡好樹都結好果子，唯獨壞樹結壞果子，要知樹的好壞，看其果實便知。」有樹才有果實。我認為，樹可以代表現在，果實代表未來。

因此，生活在當今，其發展的方向、發展的想法、發展的行動是否真實、正確，都關係這個發展所成就的果實將會如何，這個果實又會成為種植下一棵新樹的原因。所以，樹與果實之間就像連鎖的因果關係，連綿不絕地延續下去。

所以在此主張的發展中，必定包含著確實的希望，發展之結果必須充滿著希望。這能夠使我們勇氣百倍，進而繼續去創造更美好的世界。

請大家不要以自我犧牲的想法來參加佛法真理傳佈活動，這個活動的擴大和發

展，也必將使人們培養出豐碩的果實，洋溢出喜悅，並會進一步去創造更大的發展。自己的生命閃耀於其中，並用這光明照亮別人，這才是我們追求的發展。

在此，我們可以想像鑲滿了小燈泡的耶誕節燈飾，天花板和聖誕樹上的小燈泡點點閃爍，非常漂亮。可是如果亮過的燈隨後就熄滅的話，會有什麼感覺呢？雖說新的燈會亮起，但舊的燈依次熄滅的本身伴隨著寂寞和悲傷，讓人覺得這不是真正的發展。我真切地希望每一個人，都能長久、持續的綻放著光芒。

因此，大家就要在心中不斷地刻劃「希望」。將今年的希望、明年的希望，或是後年的希望、十年後的希望，甚至自己離開人世五十年後、一百年後的希望，以及人類對一、兩千年後代子孫相傳的希望等，都深植內心。

心懷「希望」很重要，因為「希望」在某種意義上是發展的根本動力。當希望將得到實現之時，會感覺到一種自己將變得更加閃耀之喜悅。所有的佛子應該具有這樣的心懷，應該懷有讓自己的生命更閃耀的心願。讓佛子的根本使命更加光輝燦爛的過程，即希望之實現。

四、如何讓希望成為現實

接下來講述有關在實現希望之過程中，須留意的幾點問題。

要讓希望得以實現，首先需要「定心」。將心定於一點上，集中自己的意念。這個集中，必須是朝向佛的集中，而非惡性的執著心。唯有朝向佛之所願，這個心念的集中才是美好的。將集中的心念，時常地描繪且刻劃在己心，並有如現實予以觀想。若將「我深信內心描繪的希望必定得以實現」之信念刻劃於己心的話，就不會產生動搖和疑慮了。有時，雖然一時下定了決心，但是之後起疑的話，就不得不說，這個願望恐怕難以實現了。

其次，便是還要相信高級靈給予的恩賜。我們生存的這個世界，不單是人間世界，它是被廣大的靈界所包容。在靈界，有各位的守護靈、指導靈，以及諸多與我們有緣的靈人。此外，還有接近佛境界的高級靈，他們非常殷切地希望世間能變得更好，所以，當高級靈們發現世間有與他們持同樣心願的人時，他們就必定會傾盡全力前來相助，這是不容置疑的事情。

總之，只要自己立下決心、盡力實踐的話，對結果如何便可以信賴，相信靈人們的力量。然而，當希望得以實現之際，便要以非常輕爽的心接受這個結果。希望實現之後，就應該踏踏實實地接受恩賜，感佛之恩，感守護靈、指導靈之恩，戒驕戒躁，更加精進，並請求今後繼續給予自己指導。

同時，持爽朗的心極為重要，如果這時出現了傲慢、自滿的心，隨後的希望將不會再實現了。將這希望之實現，做為邁向更進一步發展的善因，這是非常重要的；這就是在願望得以實現之時，務必持有的心態。

我至今就「發展」做了許多的論述，我們正是為了不使發展僅化為夢話完結，而是要實現真正的希望，才享受著今天的時間。

我希望在明年的此時，各位讀者們都能說自己比前一年有了很大的發展，更加光彩了，讓我們一起努力吧！

第三章

Chapter 3

光明的人生

一、活出光明

使用光明的觀察法以及運用光明思想，對開創人生多麼有效，我想已經親身體驗的人並不多。

雖然很多讀者曾有機會聽說過，或是閱讀過此類光明思想理論，但是卻未曾把它運用到自己身上做實證吧！

我覺得，有一種最簡單、樸素，而且即使是討厭宗教的人也容易接受的信仰形態，那即「活出光明人生」之思想。據此，以光明且積極的心去觀察和思考事物，進而開創美好的人生。

我想一個人若僅相信一個單純的真實，即使不大肆宣揚其信仰，最終也可以獲得

將近百分之八十的成功。

譬如，勸說人們要相信佛時，即使以哲學的方式解釋佛的存在，但其抽象的概念，有時也會如一顆膠囊卡在咽喉那樣，無法嚥下肚。

然而，想要抵達佛境，尚有其他的方法。

如果掌握到了「佛的屬性」是最易接近佛境的方法的話，那麼即便不懂那種「為了思考而思考」、「為了學問而做學問」、「為了抽象而使其抽象的哲學」，只要掌握到「活出光明人生」的概念，也幾乎等同於自己接受了佛的存在。

常言道「佛的本質為光」，若做具體說明的話，即祂照耀著「光明」。因此，便可以認為，如果人心持真實且如陽光般清澈光明的思想過生活，這就是一條幸福之道，就是通向佛之境界的悟道。

所以，如果各位讀者的頭腦裡塞滿了雜念的話，就請先切斷頭腦中的這些思緒吧！把錯綜複雜的想法，如同清除蜘蛛網那樣，全部清除掉。隨之，單純地以「活出光明」為出發點。

讀者需知：「要活出光明，就要樂觀地看待事物，就要以開朗的心做事，就要持光明性的思想。」這本身就是信仰之道，就是使佛進駐內心的修持。

二、無憂無慮地過生活

接下來，將探討「活出光明的人生」有何心法。

要活出光明的人生，其基本的思考方法是什麼呢？我認為這是個很恰當的質疑。因此，我將配合本章的主旨，透過極為簡單的思考模式，分成四個步驟闡述「活出光明的人生」之秘訣。

首先，第一步思考方法即「無憂無慮」。或許「無憂無慮」一詞有一點陳舊之感，在一般的會話中常用，但是無憂無慮地過生活，確實是十分重要的。

「無憂無慮」即是宛如溪水毫無阻礙，流淌的狀態。請在心中描繪一下，一條深度約莫只有二十、三十公分水深的清溪，在春陽之下閃耀。它沐浴著陽光緩緩流淌，清澈見底、閃耀著金色的光芒，泛起平緩的波紋，似演奏著歡快的樂曲，它不停地、持續地流向遠方。

可以說「無憂無慮」就是如此景一般的心境。陽光穿透水面，溪水澄澈見底，河底砂土在陽光的照耀下顯得閃閃發亮，看上去就像鋪了一層金礦沙般的色澤，清澈的小溪依舊潺潺；就是這樣的情景。

總之，在生活中內心無憂無慮，這不單單只是心中無牽無掛就好，而是要像溪流那樣徜徉在無限春光之下閃耀的狀態，這才算達到了真正的境界。不是要抱持著像終年曬不到陽光的漆黑深淵般的心，而是始終都要像那淺溪一樣，一邊接受著陽光的洗禮，一邊持續地流動。

為此，你的生活方式，也必須要像那清澄透徹的溪水一樣才行。

不需要太過於複雜地思考，要大方、簡單地過生活。不要抱著猜疑、自卑和消極的情緒生活，而要開朗地、樸實簡單地過生活。假使有一天你遇到了曾經背叛過你的人，你也不要再拘泥那些過往瑣事，樸實、誠實地生活，這點非常重要。

就好像小孩子一樣，睡一覺後就能將所有不快都忘卻。所以只要付出簡單的努力，就一定可以過無憂無慮的生活。這不是建議你在心中築起圍牆，而是建議你要把心裡的壓力放下來，拆除封閉的圍牆，讓清新的風吹拂進你的心房。

於是，你會產生輕鬆的感覺，猶如身著輕便的服裝，走上街頭。宛如冬季初逝，換上了春裝的輕鬆感覺，在春天的微風吹拂下十分舒適；這種瀟灑的感覺十分重要。

首先，你要卸下心靈防衛的重裝，讓自己放鬆；要褪下厚重的冬衣，改換上春裝，要好好珍惜這輕鬆的心情。人常會在不知不覺中，把許多複雜的思緒自纏在身上，要知道，這些重裝會使人身體酸痛。

在陽光明媚的天氣裡，卸下重裝吧！穿上便裝，邁出輕鬆的腳步吧！這才是無憂無慮過生活的心態。

三、憧憬美好的明天

接下來講述活出光明的人生之第二步思考方法。

這就是心懷純粹的信仰，抱持「明天會更好」的信念。要相信今天會比昨天更好，明天還會比今天更好。要持有相信一切都只會越來越光明閃亮的信念，切不能認為自己的人生會走向黑暗。應該始終篤信，一切事物都像含苞待放的花朵，春天即將來臨，百花齊放的日子在等待著你，確信美好的明天終將成為現實。

自己辛勞的付出，都是為了準備迎接春天的到來。如果能夠秉持「今天會比昨天好，明天會比今天好」的信念過生活的話，就能讓自己的人生變得更光明。如果心中持有這種信念的人充滿了世間，遍及社會的每個角落，這個世界就會洋溢出歡樂的氣氛，到處可以看到喜悅的笑臉。當你從心底湧起喜悅的心情的話，眼睛會炯炯有神；隨時保持這種心情是很重要的。

你也可以反覆地告訴自己，養成這種心地光明的習性，你的志向、面臨的現實也會隨之轉向光明。

如此思考，不僅有益於自己，也可以影響他人。如果你今天遇到一個滿臉愁容的人，就可以說：「為何滿臉不高興？應該堅信一天會比一天好，雨後必然是天晴！」

即使你現在多麼不愉快，也要認為這畢竟是一時的，並一定能夠尋回開朗的心。而不要以為是冰雪天，閉門不出，不要做消極、負面的思考。一定要相信有雲開霧散之時，當春天的陽光照射下來之時，再厚的冰雪也會融化消失。

我認為，可以把持有未來會變得更光明、更美好的思考方法之人，看做是「幸福的人」。

如果童年度過了幸福的時光，而長大後卻變得不幸，這也會使人生中佈滿寂寞的色彩；如果曾擁有對社會做出貢獻的幸福中年，但是在晚年卻變得淒涼，同樣，這也是淒慘的人生。

因此，要時時堅信自己會更進步，世界會更美好，並為時代增添光明。

四、拓展幸福的領域

接下來講述活出光明的人生之第三步思考方法。

我曾在其他著作中觸及過，描繪「分享喜悅的人數愈多愈好」之心念很重要。一人獨樂，不如兩人同樂；兩人同樂，不如三人群樂；三人不如五人；萬人不如百萬人。如此，眾人的喜悅其樂無窮。因此，只要相信這種幸福圈得到擴大之時，美好的事物也隨之層出不窮。

如果一個人獨享其樂，那麼就會像被長期存放在冰箱裡的食物，最終會有腐壞的一天，因而無法食用，最後只好丟棄。

當眾人分享到喜悅時，才能成為真實的喜悅，如果讀者理解我所講述的幸福的方法，首先就應該將喜悅分享給更多的人。

如果往放滿熱水的浴盆裡注入冷水的話，水就會逐漸降溫。同理，當一個人的心充滿了幸福之時，卻被別人大潑冷水的話，那個人的幸福感覺也一定會逐漸降溫。

所以，先不要去想如何減少對自己造成負面影響的事物，而是應該去增加自己的工作夥伴；先不要想去減少給自己負面影響的人，而是要去創造與自己同樣的幸福的人。如此思考，會讓自己變得更加溫暖；當自己的夥伴不斷增加時，會讓自己變得更加快樂，將自己置身於更幸福的境界中。

在基本的人生觀中，不要因為世上有很多自虐、不幸、苛刻、惡口的人充斥而唉聲歎息，也不要去排斥那些人。你應該銘記在心，並告誡自己，應該再去多創造、增加一個和自己一樣幸福的夥伴。

你今天散播了多少幸福給別人？如果只是自己獨佔一份喜悅的話，就會像一朵花那樣，雖然美麗，但卻會感到淒涼，並在無人過問中枯萎凋零。或者像一朵人造花，乍看像花，但是它沒有真正的生命活力。生氣盎然的花朵，不會是一朵，而是綻放的花群。讓我們在心中隨時描繪這樣的景象吧！描繪原野上綻放著許多萬紫千紅的花朵吧！這是有益心靈成長的事情。

我們必須增加光明的夥伴，這本身就是幸福的過程。或許有些人在體會了真理之

後，卻為沒有可分享的對象而感到寂寞；當自己在向人傳達真理時，卻因自己被看成異端感到難過，這難道不是十分消極的心態嗎！要知道，在芸芸眾生中，有許多理解你想法的人存在，有許多會給予你鼓勵的人存在，有許多願與你分享快樂的人存在。首先，你要在內心創造接受這種想法的空間，只要如此去做，你就不會只是傷心，你一定時時都有與人分享喜悅的可能。

擴大這個幸福圈吧！你應該面帶笑容，這個笑容並非僅是做給別人看，而應該寄予一個心願：「願我的微笑，能給予身邊的人一份幸福，願將這幸福的笑容傳給更多的人。」

五、與佛同行

活出光明的人生之第四步思考方法極為重要，即需要深深地確信：「只要與佛同在，就沒有什麼能夠使自己不幸。」

世上有很多能夠讓自己處於優勢的因素，其中最重要的因素就是佛。如果有了佛的護祐與支持，事實上就不會有敵人，沒有什麼能傷害自己的，沒有什麼能使自己悲痛，沒有什麼能讓自己流淚嘆息。只要有佛與我同在，不幸就不會造訪，幸福必將來臨。

信仰佛的人，能獲得佛的認同；信仰佛的人，能得到佛的支持。因為你在實踐領受佛的支持，所以不幸就不會發生，一切只會變得光明。佛並沒有要你揮撒金錢，沒有要你三跪九叩，也沒有要你做什麼祭奉。你只需要誠心對佛說：「我信仰佛！我願符合佛的心願過生活！我願創造佛的悲願世界！請賜予我力量吧！」當如此祈禱時，無論是有聲還是無聲，佛便會來到你的身旁傾聽。要知道，佛與你同行，佛在你祈禱之前，就已知你的真心。

沒有任何力量勝過佛。所以，要堅信：「只要與佛同行、同伴，無論發生任何事，自己都不會受挫。」這是引導你走向真實的、光明的人生之秘訣。

第四章 Chapter 4 召喚幸福的心

一、心的法則

「幸福科學」是以「使幸福科學化」為目的而取其名。所謂「使幸福科學化」之意，無非就是探究什麼樣的「心」才能招來幸福，探究人持何種心態才能招引幸福之果。總而言之，把「心」當做一個研究的對象，其前提便是「心」具有研究的價值。雖然心賦有的個性因人而異，但是每個人都必須依循一定的法則，這便是使「心」之領域科學化的前提。

即便是在無血緣關係的人們之間，每個人的心態也擁有著共通的法則。這究竟是為何呢？若做反向思考，就不能不想到有唯一的佛確實存在的問題。由於有唯一的佛存在，才能使生活在地球上零亂眾生的心，依循於一定的法則之下。

何謂「心的法則」？對此問題我做了許多年的探究。我深入地探究了人維持何種心境能喚來幸福，持何種思想會導致不幸。

這一探究得出了一個結論，這是極為單純，又令人信服的理論。即人的心猶如磁鐵，自身發出了磁力時，就能吸聚鐵砂。當心的磁力與幸福相融時，就會吸引形形色色的幸福事情；當心的磁力具負面性質、表現出不幸的習性時，就會自食不幸之果。我發覺，在這條法則下無人可以例外。

透過用磁鐵與鐵砂之關係做說明，便明顯地體現出了一個道理：「即，幸福集中於心中持有願眾人幸福的人，幸福會避開不顧他人、只求自身幸福的人。」這道理極為單純，卻是事實。

或許有人會抱怨，說佛創造的世間總是在捉弄人，認為幸福應該像井中打水一樣，自己想要多少幸福就應該能夠得到多少幸福。然而，只對個人幸福有欲求的人，是得不到滿足的，那些不局限於追求個人的幸福、更為眾人的幸福著想的人，反而能夠幸福。

我在此絕不是勸人要自我犧牲，讓他人幸福，而是在建議人們擁有一顆讓他人幸福之心，這才是一條能讓自己幸福的道路。

只是在表面上欲求自己幸福的自私之人，實際上是在做與幸福完全相反的行為。這不是幸福之路，如此想法是一種誤解。

二、祝福的心

這個道理之源，來自於宇宙之根本存在。

雖然人們的肉眼看不見，其實，在大宇宙中洋溢著偉大的光能。這股光能促使萬事萬物發展，促進人類幸福。它充滿了創造力，充滿了愛的力量。

這肉眼看不到的靈性光能，如導管、光纖一般，遍佈和網羅著大宇宙，連結著每個人的心。從大宇宙的中心洋溢不止的光能，流入每個人的心中和家庭，源源不斷。

對這光能的運用，就如同使用水龍頭一般。一打開水龍頭，水就會流出來，關上水龍頭水就停了。雖然有人認為這樣做還不能盡情享受，但如果一直放任水流不管，家裡最後也會淹水的。光能原本是有益的，但必須適度取用自己的需要量，否則會適得其反。

正如在每戶家庭都連著水管，來自佛光能也毫無例外地連結到每一個人。因此，剩下的就屬於每一個人如何轉動水龍頭的問題了。譬如，水龍頭有很多種類，有的往左轉是開、往右轉是關；有的往下壓是開、往上拉是關；還有一種剛好相反，水龍頭往上拉是開、往下按是關。每個人的水龍頭是何種構造，必須親自做確認。

如此，人們必須在水龍頭的開關二選一的使用方式上努力。即人持某種心念，就會透過光纖，讓佛光不停地湧出，但持另一種心念，就會使其斷掉。

我剛才提到過人擁有讓他人幸福的心願，反而能獲得幸福。接下來探討心存何念為佳，並對需留意的地方做分項說明。

歸根究柢，讓他人幸福的心，就是把水龍頭打開，接受大宇宙湧現出的佛光。這並非僅是自己獨享，還應該與他人共同沐浴這光能之恩惠。於是，你還需要學習的，是如何將水龍頭打開的知識傳授給他人。當你能很好地教導他人時，就表示你也已經能夠熟練地掌握了水龍頭的使用方法了。

很不可思議，如果僅只為自己引水的話，一時水是會流出來，但隨後會自然停止。但相反的，當你傳授他人打開水龍頭的方法時，無盡光能則會滾滾湧現。

三、將心的波長調向佛的境界

以上是用水龍頭的開與關來舉例說明，如果從另一個角度來講，水管是否有堵塞也是個問題。

水管暢通，則水流無阻，水管堵塞，水流則會斷斷續續。這是任何人都明白的道理。水管堵塞，是管道中有水垢的原因，這水垢就是心塵。當心中的不純之念逐漸累積，就會阻塞水管，導致不能接受佛光。這光原本是透明、純淨、完善、美麗的，但流入世間之後，漸漸被染上了各種污垢。

譬如說，每個人都各有欲望，這欲望原本並不是惡，它是人們為了生存的動力和意欲，它能夠使生命更加充滿活力，同時也能讓佛賜給人的生命增加光輝。但是，當人的欲望有害於他人時，就會出現負面的結果。

與此相同，多數情況下，原本是很純潔的光，流入世間後在各種形式下，被人們的想法所扭曲。可以說，幾乎都是被人們的我欲所污染，形成了污垢。隨之，水管會被堵塞、生銹，水流也漸漸地變小或變成不純淨的鏽水了。

我在此強調的是極為簡單的道理，即是將己心的波長調向佛的波長，這可以使人幸福。如果人們能夠將自己的心的波長，調成佛放射的波長，就能夠接收到光能。

佛神廣播臺播放的電波是什麼呢？在這電波裡充滿了愛、智慧、勇氣、正義、希望、喜悅、自由、平等、公平和進步等要素。如果你能把己心調至與其同波長，就能接收到與你付出的努力相等的波動，亦可以無限地分享佛光之供給。

只要掌握這個訣竅，就同於得到了無限的財富。財富乃遍及全宇宙，所以切不可將財富僅視為金錢而已，金錢只不過是三次元世間世界的一種表現形式。財富中有

「豐裕」之概念，「豐裕」展現於世間時，有時會以金錢來表達，有時也會其它形式顯現出來。總之，「財富」本為創造大宇宙之偉大的佛的要素之一。

四、純真的心

佛擁有財富，因為，佛是無所不在的存在，是所有智慧的寶庫，是所有財富的寶庫。佛創造了大宇宙中形形色色的星球，並在這星球上創造了像人類一般高度進化的生物，並讓他們過豐裕的生活。世間人的經濟能力是有限的，國家的經濟能力也是有限的，而佛創造經濟的力量卻是無限的。這是透過無限的光能、智慧和愛創造「財富」的力量。

我在此向讀者們強調，你已經擁有一切，佛已賜予了你一切。對於你所需要的，早已在其欲望產生之前，一切必要的就已在你的身邊。但是，你們那狹小的心妨礙著它的實現、顯現。這顆扭曲、變形的心，就是你無法幸福之因。

首先要相信我所言，只要有心的承諾，隨著時間之流轉，就能明白我講的道理是真實的。

首先，各位讀者一定要成為持正心之人，要成為一個厭惡邪惡、熱愛正義的人。你們須知「愛」是普遍，它在世間具有至高的價值。你們必須肯定財富是為了促使世間繁榮才有顯現的事實，也必須瞭解，讓所有的人幸福是增進自身幸福之根基。

請各位讀者必須深知懷有「公共之心」的意義，不要把自己封閉在僅是為了滿足自己的小圈子裡，應該堅持一種與人們共建幸福社會的精神。唯有將建立烏托邦之心願的人們集聚，才能創建真正的烏托邦社會。

以上已做了多方面的講述，但這些全部都應歸回原點。即人們所希望的理想社會，始於人們在內心對理想社會的描繪。首先在心中描繪理想社會之雛型，其次建立和諧的家庭，隨之理想社會就會逐漸顯現出來。我在此並非向人們建議去做難上加難的事。

敞開心胸吧！讓佛之光溫暖你的心靈，以純真的心接受佛的理想吧！心無掛礙才

能接受來自佛的光能。

或許有讀者會詢問有無具體的方法。

我首先提示給大家的第一個方法，是持安然、純真的心，這樣就會自然得到恩惠的賜予。只要以不執著、純真的心去愛佛的屬性，佛的屬性就能深入自己的內心。

五、祈禱的力量

第二個方法，是更加積極的方法——「祈禱」。

很多人尚未養成祈禱的習慣，祈禱本身具有極大的力量。

當祈禱發揮了真實的力量時，世界亦會發生轉變。即使是在離開世間的靈界，祈禱亦是能使光能增幅的強而有力的有效方法。

諸天使時常透過祈禱，聚集能量，使自己的心願成就，並進一步大放光能。祈禱能將眾人心念的能量集中於一點，從而能夠使個人無法成就的事，於世間展現出來。

這就是祈禱的真實一面。

總之，祈禱於世間是光明的武器。

因此，若你想獲得佛所賜予的力量，就請向佛，換言之就請向地球靈團的至高神主愛爾康大靈祈禱吧！以斷棄了心中的邪惡、純真、無慮的心，誠心地向主祈禱吧！

主啊
請賜予我
您宛如大海洋般的一滴睿智

主啊
請賜予我
您宛如大海洋般的一份慈愛

主啊
請賜予我
您宛如大海洋般的一份富有

主啊
請賜予我
您宛如大海洋般的一份慈悲

如此祈禱就可以了。

佛是無限的存在，祂賜予了森羅萬象無限的可能，你的煩惱只要藉助佛的點滴力量即可解決。你要知道，許多光明天使為了向佛傳達你的心願，不管在靈界還是在世間都做著工作。當你向佛祈禱時，轉生到世間的天使們便會前來相助，在靈界的光明天使們也會開始其活動。

所以，對於持正心，為促使社會變得幸福的人來說，一切心願將得到成就。只有堅信心願必能成就，才能成為真正的希望。

希望讀者們在閱讀完本文之後，從今天起便在你的內心世界裡成為億萬富翁。你已擁有無限的豐裕，但你將如何去運用呢？在你的內心潛藏著與佛相同的性質，你又將如何運用呢？這一點才是值得留意的。當你的心願得到佛的認同，並順利實現之際，你又將做些什麼呢？這時，更加堅信美好的事物將層出不窮，一切將變得更加美好的人是幸福的人。如此，真正幸福的種子才能深植人心，不斷地發芽、成長，獲得持續的成就。

第五章 Chapter 5 財富的本質

一、財富是基礎力量

以下探討「財富的本質」之論題，可成為人們知曉何為「繁榮的法則」之引線。財富的本意究竟為何？它是善還是惡？這種疑問雖然純樸、簡單，但是古今卻無人能夠對此做出權威性的回答。

這乃是因為，享受財富以及其行為所產生的後果，都要歸屬到個人的問題之上，即對「財富」之因果難以簡單地做出概括性的定論。譬如，「財富」並非能用「打開電源開關後，電燈會發光」那樣單純的世間因果，便可以做簡單的邏輯說明的問題。

雖然如此，它仍然還是有可以確認的側面。即，無論人們心裡、口頭上如何肯定或否定「財富」，但是在人心的深層均有追求「富有」的意欲。所以若單純地視其為

「欲望」，其利弊則很難一言而盡。

因為，這個問題與人類生命本身之存在擁有不可分割的關係。在充滿活力的萬物生命中，均潛藏著成長、發展和繁榮的意願，即便是動植物也毫無例外。

透過植物的成長也可發現財富的本質；植物在伸展根莖、茂盛枝芽時，其枝葉在陽光的照射下進行光合作用，進而儲存了養分。

植物在枝葉中儲存養分，就是為了成就自身的活動而為。其自身的活動就是綻放花朵，以及繁衍後代。此外，花的生命活動本身還能夠起到讓地球環保、為人類提供優美的生活空間等作用，擔任了生活空間極妙的角色。因此，植物在其枝葉中儲存養分的行為，即可視為「善」。

同樣，亦有某些植物是從其地下的根莖儲存養分的，應該沒有人把這看作是「惡」的行為吧？對於將土壤中的養分轉移到自己的根莖之生命活動，是不會被批評為「惡」的。

用此比喻做說明可通用於萬事；成就事業，必須有足夠的營養、基礎力量以及體

力、知識、財力等多方面的累積。這些累積行為，其實就體現出了「財富」的本質。可以確定地說，所謂「財富」，正是為了進一步成就偉業時所必備之基礎力量，當然，這個事業須符合佛心。

二、財富與競爭

世上的一切生物都是由複數組合而成，不管植物、動物，或是人。假使世上只存在一個人，一株植物或者一頭動物的話，將會發生怎樣的情形呢？或許可以獨自佔有「財富」，但在現實中，萬物都是以複數的型態各自去追求「財富」的，因此會產生競爭效應。

在競爭的結果上會分出贏家和輸家。但是，這裡的贏家、輸家未必是絕對性的，多數情況下是相對性的。之所以在競爭原理之下會產生出贏家、輸家，就是因為同類多數存在，彼此各自都在追求「財富」。

又譬如，幾棵樹生長的同一環境中，就會產生既高又壯的樹和在樹蔭下發育不完全的樹。此時，在「財富」的累積上產生了差異。對此，或許有人會想：這兩者哪方是正義呢？一方超過其它樹木愈長愈高，另一方只能在其樹蔭下生長得像灌木叢。到底哪一方是正義，哪一方是邪惡呢？哪一方應該被砍伐，哪一方應該被留下呢？

但是，我認為一棵樹還不單是作為樹而存在，如果從做為對社會有益的角色來看，與其生長得矮小，不如長成挺拔的大樹。一棵高大的檜木、杉木，可以被砍伐製成木屋或其它有用的物品，進而對社會有貢獻。而發育不良、歪曲的小樹，不能作為材料，頂多是被當作柴火而已。如此，或許在結果上讓人產生有贏家欺負弱者的感覺，但是畢竟是那些挺拔生長的大樹，對社會的貢獻更大。正因為有這樣的結果，才會有為了能讓大樹更好地生長，而砍伐那些影響其生長的雜草、灌木叢的行為。我認為，這種行為是為了成就大善，才能受到容許。

從結論來說，與其生長成一堆小灌木叢，不如茁壯伸展成攀天大樹，才能成就更偉大的事業。

三、財富的善惡

在這世間中的「財富」問題，也含有非常相近之處。人人財富平均、中等生活是「善」、是正義嗎？所有的人平分貧窮是「善」嗎？或者富裕的人顯露出來是善嗎？如此善惡問題，在歷史中也存在著非常難以評說的內容。

在過去窮人占多數的時代，不管是諸侯還是官吏，當這些少數富裕的人榨取窮人有限之食糧或金錢時，就會成為民眾怨恨的對象，進而還會受到民眾的攻擊和抗爭，並視此為正義。在那樣的時代下，人們僅能平等地分配貧窮，而富裕階層的人，只能生活在貧人的怨恨之上。

然而，這種情況到了近代社會已有所改觀。展現於社會的已不是公平的分配貧窮，而是以公平的分配富裕為目標。

近百年來的近代國家為何出現如此的演變呢？這是由於有一些優秀企業家的出現，興起龐大的產業，使許多人透過這些事業變得富有。日本在明治時代以後，也出現出了很多偉大的企業家，在結果上繁榮了整個社會；同樣，美國亦是如此。這如同先前用大樹做的比喻，在一顆大樹茁壯成長之下，隨之湧來許多分享這棵大樹恩惠的人。這也培養出了許多人才，尤其在近百年間，湧現出了許多優秀的企業經營家。

我藉由此機會，對以下內容予以明確說明。宗教往往易把「賺錢」的行為作為抨擊的對象，但是，專牟私利的「賺錢」與卓越的「經營」是有所不同的。若賺錢僅是為了填滿私囊，不顧別人幸福與否的話，這的確會成為招怨的理由。但是，卓越企業經營家的出現、創業和持續地發展，成為能夠養活成千上萬的員工的企業集團，其結果會如何呢？一個人能夠保證眾多的人的生活和幸福，當企業集團發展到不僅為自家企業，並能把「財富」分給整個社會，提升國家的力量，還普及全球，甚至擁有拯救貧窮國家人民的力量。對此，究竟應該如何做評估呢？

雖然這股力量的泉源是財富，但是它明顯地與被宗教視為惡的「專牟私利」是不同，是善，並會轉變為難以阻擋的善的力量。換句話說，可以養活許多人，並使他們幸福的優秀經營成果、經濟原理及其運用，就是「善」。

四、財富的正確使用法

「愛即是施予」，這種想法和豐裕富足的法則完全一致。

而「奪愛」，換句話來說即是從他人身上榨取。如果有不管他人的幸福與否，只顧自己是否能夠獲得財富的想法，這個「財富」不會變大。如果能滋潤人心、帶給人們幸福和成就事業，「財富」就一定會向其集中過來，並持久存在。隨之，此人若能在有生之年，利用這些「財富」進行各種有意義的活動，從而，使其「財富」兩倍、三倍、十倍、百倍地成長起來，這豈不是成功者共同持有的風格嗎？

譬如說，國家從收入較多的國民徵收一定比率的稅金，然後將它投資於公共建設、社會福利之上，我認為這種制度非常好。從獲得很多利益的個人徵收稅金，然後分配到其它尚未受惠的地方。這種「財富」的重新分配，是近代國家社會福利當中不可缺少的一環。

但是，有時會發生政府不能很好運用的現象，只是做機械性的徵稅，再做機械性的分配，可以說這是官僚制政府的弊病。然而，若此時出現了一位強有力的經營企業家，就會出現不同的情形了。他必須透過智慧，運用集中而來的財富，這樣才能對社會產生極大的增益，促使社會進步，進而此人的事業也能獲得更大的發展力量。

近年，日本有一位著名的經營企業家松下幸之助，他倍受財富之恩惠，但是他認為比什麼都重要的是，將這財富之恩惠回饋於社會。美國的「慈善之父」安德魯．卡內基(Andrew Carnegie)，在一百多年前也曾研究過財富的使用方法，進而為世上帶來了許多恩惠。

五、積蓄財富於心

現今，在商業界的成功者有如繁星，但是能夠在心的世界積蓄「財富」的成功者，卻屈指可數。

我視積蓄於心中的財富為「智慧」。常言道：「當知識有了經驗的累積時，即成

為智慧。」只有擁有了大量的這種智慧的人，才算是真正的富有。因此，如果能夠將智慧、財富的力量集中，活用於創造美好的社會的話，我認為，理想的世界就一定會展開來。

一個國家的發展繁榮以及其存在，要讓全世界予以肯定，就必須注重心中的財富。社會中的金錢「財富」已很充足，但人們「心中的財富」尚不足，充實社會「心中的財富」，已到了刻不容緩的地步。

在一個國家裡，到底誰是智者？誰有智慧？什麼樣的想法才算有智慧？對此都還無法明確地判斷。民主主義的成果，已使許多人能夠在社會上活躍，在思想界也是如此。百年前，著書出版幾乎是讓人無法想像的一件事，但到了現在，作家不斷地湧現，所寫的各種各樣的書籍連續問世，更產生了許多文化現象。

但面對此情況，我們很難分辨到底什麼是有價值的，什麼是沒有價值的。世上有些知名人士，但即便他有知名度，我們還是不能確定他是否是一個真正具有價值的人。這可以說是鉛字文化、名牌文化所延伸出來的一個弊病吧！究竟誰是具有智慧的人，這如同剎那間出現的文化一般，難以分辨與理解。

我認為在這樣的時代中，為了能孕育出像過去史上的智者，每個人都有必要修正自己的生活態度。

其一，就是加強學習。但如果只是限於閱讀書報、雜誌當中有限的文字，或只是一味地吸收電視媒體所報導的資訊的話，雖然是看了許多雜亂的資訊，但其知識的層次絕對不高。不論時代中的資訊如何氾濫，具有優秀思想的作品只有少數人才寫得出來。所以，為了能夠發現那些優秀的思想，我們有必要勤奮地閱讀好書，認真地學習。

此外，為了能讓心靈富有，我們必須過豐裕的生活。所謂豐裕的生活，是指物質及精神這兩個方面。如過於被物質所束縛的話，則無法擁有精神上的豐裕。為了讓精神豐裕，就必須遠離對心靈有害的事物，每天充分吸收有用的知識。

至此，已談論了各種有關「財富」的話題，我在此再一次回到原點對各位讀者說明。

如果要問追求「財富」之念頭到底是善還是惡的話，答案即是「善」。如果能運用這種「善」對世人做出奉獻的話，其力量就會被巨大地發揮。

人類也是生物的一種，必定也有其成長的法則。在這成長的法則中包含了「積蓄財富的法則」和「繁榮的法則」。我認為，依據這個法則，忠實的面對人生，並好好地掌握方向，讓世界變得更美好是很重要的觀念。

我期待終會有一天，人們在物質及精神上都能變得富有，並將其運用在使更多人能夠幸福的方向上。

第六章 Chapter 6 成功哲學

一、天賦的資質

世間的成功方法不勝枚舉，相關的書籍在書店也堆積如山。但是我認為成功的法則，歸根究底屬於人性論、做人的哲學。

因此，我在本章將論述可獲得成功的人性論、做人的哲學及人際關係論等內容。

首先，必須要認識到在此議題上的起點，即一個人能完成的工作量是非常有限的。即便是多麼有能力的優秀之人，也無法完成百人、千人的工作量。當然，若談工作的品質，一個人成就千萬人的工作是可能的，但這種情形無非是該人就任於擁有很大影響力的職位，並著手關鍵性的工作時才能出現，否則僅靠個人的力量，是成就不了大事業的。所以，在與眾人相處的人際關係中，如何去共成大業，即是成功哲學的出發點。

但我必須在此提醒，僅想靠某種哲學獲得成功，在實際執行時也不是一件容易的事。我認為，如果把成功哲學誤解為是利用他人的成功學，就大錯特錯了。首先，此人本身需成為必會實現成功的人物，才能夠構築起為成功奉獻的良好人際關係，在這一點上請不要誤解。若誤解了這一點，自己不具備相當的器量和能力，卻只企圖依賴他人的力量獲得成功，其結局常常是一敗塗地、慘不忍睹。對此類事例不需一一列舉，在各位讀者的人生經驗中，也一定見識過一兩個人的失敗經歷吧？或許這並非他人之事，你也有過類似的經歷。

人大約可以區分為幾種類型；首先有靠自己的力量開拓人生路的人，和依賴他人的力量生存者，這兩種類型。這是最原始的兩類型，但在此之上，還有轉變的類型。有的人，在靠自己的力量努力開拓道路的過程中，逐步鞏固了成功的感覺，隨之又獲得他人的協助，並在充分地運用他人的同時，進一步追求自我發揮。但是，在同樣是借用他人力量的人之中，也有不同的類型。有人是完全他力思想，毫不考慮自己的能力去打拼而失敗，並且不僅僅是失敗，還要把這個失敗歸咎於他人或環境。而另一種人，在重視人際關係的同時，充分發揮協調的性格，最終把握住了成功之機。

我必須在此提示一個根本要點，即你本身必須做一個能夠成功的人，才有可能透過與多數人的互動，來獲得更大的成功。假如你僅想依賴他人的幫助而求成，畢竟會像陷入了泥潭的小船一樣，雖欲航行脫險，卻只能被泥潭吞食沉沒。

若從別的方面表達，要獲得成功，就必須具有一個根本性的原動力，必須具備向成功飛躍的跳板。

當然，相當於這塊跳板的因素可分成多種，若按照重要程度的順序列舉的話，首先即是理想，以及信念、勇氣、能力和經驗等，換一個角度，還有才能、財產也是影響成功的因素。

無論是哪一個因素，最重要的是，當檢視自己的內心時需要認清，自己是受了佛的恩惠，才有今生的存在，這是不可忘記的。如果自己是受了佛的恩惠才能享受今生的存在，那麼，佛必定賦予自己某種重要的存在武器；有必要做這樣的思考。各位不能不知就在自己的內心深處，仍潛藏著巨大的寶物。這個寶物是什麼呢？譬如說頭腦好是一種廣泛的說法，其中包括會讀書學習、善於交涉，或是企劃能力強等等方面。如此，我們可以觀察自己潛在的最大特徵為何？以及最強的武器為何？

這就是追求成功的本錢；在創立事業之前，需要有開業資本，有了本錢才能進貨、加工、銷售和獲得收入。同樣，為人處世想要成功，也需要有本錢；這本錢就是潛藏於內心的天賦資質。

二、努力的品質與續航力

談及天賦資質時，或許有的人覺得自己不是那樣的料。有這種想法的人不只你一個人，就連在此論述成功哲學的我，也曾經產生過這樣的念頭。

處於如此情況下人應該怎麼辦呢？佛對於每個人都是非常公平的，對天賦資質不足者的教導，就是要靠後天的努力去彌補。

那麼需要付出多少努力才能夠獲得成功呢？其答案是，成功與否，取決於努力的品質與其持續時間的比例之上。有些用較短時間努力就能夠成功的人，其才能的品質比較高。可是，大部分的人並非如此，通常需要花上五年、十年，或者是更多的時間才能獲得成功。

因此，才華橫溢的人具有優越的條件，但是切不要炫耀自己的才能，應該衷心感恩佛，懷著謙虛的態度不斷努力下去的話，敵人會減少，同伴會增加，從而能夠進一步開創成功之路。而在才能上尚有不足的人，謙虛即是起點，孜孜不倦地努力向前邁進。

拿鍛鍊身體來做說明，一日之間想練就出強壯的身體是不可能的事。或許有人想在短時間內鍛煉身體，在一兩天之內勉強自己做大量的運動，其結果不但身體練不好，甚至會使身體受到損傷。如果每天做一個小時左右適度的運動的話，便會在不知不覺中身體強健起來。

同理，每天在工作上一點一滴地努力得到累積，逐步會邁向一個難以置信的境界。

三、獲得靈感的條件

（一）打好讓自己能獲得靈感的基礎

此時，關鍵是千萬別錯過成功的契機，所謂成功的契機可從兩個主要方面詮釋。

其一是靈感。

若你是一個時常追求成功的人，在追求成功的過程中時而會產生靈感，這是良好的創意。譬如，忽然想到若與某人合作必能夠有所成就、發現某個工作今後將會成為熱門生意等，敏銳地觀察到常人視而不見的價值，這種靈感其實非常重要。對此，在觀察成功人士時，可以看到在這一點上，與其他未成功的人相比是極為不同的。即使是生活在同樣的環境中，成功者的靈感總是比較多的。我認為，靈感的品質愈高，數量愈多，就愈能在各方面獲得成功。

作為一個企業經營者，需要每日的創意不斷更新。一個創意可以使新商品暢銷，但如果因此而滿足現狀的話，這家公司就絕不會取得進一步的發展。我認為，當一個創意帶來一次成功之時，若仍能不斷地思考如何繼續進步，尋找改良的空間，提高服務品質，改進公司的經營模式等，能如此接二連三地挑戰的人，一定會獲得更大的成功。所以，各位讀者若有成功之志向，就需要懂得靈感的重要。

接下來講述持有何種心態，才能產生靈感。

首先，獲得靈感的前提，即是需要保持朝著一定的目標，時時刻刻努力的姿態。當然有時也會發生尚未做任何努力之時的天降靈感，這種事畢竟多近乎偶然。但是，人朝著一定的目標，不斷努力的話，靈感降臨的頻率也會隨之增加，並且不是偶然的產物，而會成為一定實力的表現。換言之，在獲得靈感上亦有人與人之間的實力差異。

隨著基礎能力的提升，靈感出現的頻率也會增加，其品質也會得到提高。而另一方面，基礎能力不足的人，往往只是暫時性的想法，一旦行動起來，常常漏洞百出，一事無成，到頭來還要走回頭路，不僅浪費了時間，浪費了金錢，也浪費了人力。相比之下，常思考、勤學習的人，其靈感具有一定的確實性，好的創意，會在各種嘗試的過程中，提高成功的機率。

這樣可厚植靈感基礎的實力。

（二）愛心

接受良好的靈感的第二個條件，即是愛心。人如果能夠常為更多人的幸福著想，對他人持有愛心，願更多人生活快樂，想幫助更多人，那麼靈感降臨的頻率亦會愈來愈高。

然而，僅關心自己的人，即使是針對自己應該做的事情，也難產生靈感。反之，其他的人則是生活在各種環境、近乎無限的條件之下，因此，若你的關心是在想讓他人幸福的方向上，觀察形形色色的人，並為他們的幸福、為給他們帶來喜悅著想的話，那麼，創意不斷地湧現出來，便是理所當然的事了。

在經濟學上或許稱這種思想為市場導向，但我並不想僅以這個詞彙做單面性的解釋。我認為，關心眾人，並將這個關心紮根於愛之上，就會不斷地被賜予良好的靈感。此乃因為他人是多樣的，所以接受的靈感也就會是多樣的。

（三）光明的生活方式

產生良好的靈感的條件之三，即是時常保持心懷光明、充滿希望的思想。

心懷著強烈的幸福感覺，眺望著晴朗的天空，愉快地度過每一天，如此生活便會發覺有很多幸福的種子。反之，若總以黯淡的心情過生活，能想到的每件事，不是自己總是在受人欺負，不然就是自己想要去欺負別人。

要獲得良好的靈感和創意，保持光明的心是必不可缺的。天空被烏雲遮蓋，地上就無法接收陽光，同樣，心中有陰暗面時，就無法接受希望之光。良好的靈感之出發點在於對未來充滿希望，因此，對未來不抱希望的人，所獲得的靈感是悲觀的，並且不會給自己帶來幸福。所以，不和總持悲觀思想的人密切來往，或許是上策。有時，原本很有活力的人，當與陰暗之人談話後，就變得情緒低落，對所有事感到厭倦，想法守舊，把整個世界看得黯淡不堪。不和思想黯淡的人長久交往，盡可能保持距離才是聰明之計。

如果每天都保持開朗、充滿希望的心情的話，你遇到的人也逐漸會是一些內心充滿光明的人。或者說，你能夠吸引內心充滿光明的人。因為，任何有幸福心願的人，會尋找能為自己帶來幸福的人。如果你是願意分享幸福之人的話，當然眾人就會朝你身旁集中。總而言之，持有光明的心、建設性的心和積極的心，在此人之下才能聚集眾人，並且降臨良好的靈感。正因為如此，有志之士會為了實現你的良好的靈感相聚而來。

我透過過去的經驗，已經清楚地證實了這是百分之百的真理。要開拓和發展善業，就必須保持如此心態。

以上闡述了以自身努力為起點的光明的生活方式，其實，這亦是成功哲學的出發點。

四、做有魅力的人

想做成功者，首先必須要做有魅力的人。

什麼樣的人才可以說是有魅力的人呢？如何為有魅力的人做出定義呢？這是指可以吸引他人的性格。那麼，具有什麼性格能夠吸引人、獲得他人的注目、受人尊敬和能夠獲得他人好評呢？

首先，具有魅力的人必須是有實力的人。這種人具有很強的能力，做出了眾多的努力之累積，具有引導他人的才能。所以，要成為有魅力的人，就必須先成為一個具有實力的人。這不是指如何去獲得別人的支持，而是讓自己堅強起來，提高自己的能力，構築良好的人際關係；必須持有這樣的態度。

具有魅力人格的第二個條件，就是我前面講述過的，要養成光明、開朗的個性。不管是頭腦如何好的人，若一天到晚都死氣沉沉的話，就不會有人想接近，與其合作的人也難有成就感。唯有持開朗的笑容，充滿生命活力，才能散發出吸引人的魅力。

所以，讀者們務必要把笑容掛在臉上、開朗地過每一天。對於開朗的價值，即使再怎麼樣強調也不過分。心想成功的人首先要保持開朗，然而要保持開朗，就心中必須無煩惱，這是很重要的。此外，要保持開朗，注重健康問題也是前提之一。再者，要保持開朗，在人際關係上沒有糾葛尤其重要。

具有魅力人格的第三個條件，即性情溫和。連小朋友們見到和藹可親的人也會自然地跑過來，因為這是人的本能所能感覺到的。若聚集眾人的力量去完成大業，就必須持有溫和、容易親近的性格。但這絕非是指嬌情的做法，而是以類似包容心的溫柔去關愛、培育他人。

在某種意義上來講，當無包容心的人率領眾人時，就是一場悲劇。即便這個人有多大的才華，頭腦多麼優秀，經驗如何豐富，但是做為領袖，若此人器量狹小的話，就會釀造出悲劇來。因為，聰明的人常常會像拿著剃刀一般，將他人的缺點一一挖出來，或者其話語像利刃一樣會刺痛他人；從這點可以看出包容心的重要性。

具有包容心的人，即便他人在工作上犯了一些小錯誤，是會予以體諒的。而無包容心的人，一旦看到別人出錯，就會嚴厲指責，口出刻薄之言。這一點與人際關係上的成敗緊密相連，所以人需要培養包容心。

然而，這包容心又是從何而來呢？總而言之，它來自於愛心和理解他人之心。愛心是指施愛之心，在自己能力所及之處為他人奉獻之心。理解他人之心，是指要理解他人的心境和心態，立足於對方的立場，體諒他人之心。人具備了愛心和理解之心，才能使包容心逐步成長起來。

以上，從各種角度做了講述，所謂「成功哲學」無非是指「如何持有成功的心」的學問。若能做到持有成功的心，剩下的就是要去好好地培養人際關係了，這個過程即是成功哲學之王道。

第七章 展翅飛翔

Chapter 7

一、冷靜地審時度勢

當「幸福科學」大躍進之際，我想多數會員們必會為發展時刻的到來感到喜悅吧！獲得了近乎奇蹟般的大發展，現今已展現在我們眼前。

到底有多少人能夠預想到，如此似怒濤般的發展潮流和威力呢？世人會為我們學習和實踐真理的發展力量感到震驚。奇蹟正在展現，它就發生在我們的眼前；我想有如此感受的人不只是我一個人。

在此強而有力的發展背景之下，如何使其獲得成就，並更上一層樓呢？我在此向讀者講述一套行之有效的思考方法。

首先，在發展活動的高潮中最須注意的一點，就是不能被這股發展的能量所翻弄，而迷失自身的處境，以及整體的流向和狀態。雖然人有時會激動得欣喜若狂，但在興奮之餘需要保持冷靜。在興奮的漩渦中仍能淡定觀察，是使事業健全地發展、成功地修正前進軌道所必須的。

如何冷靜地觀察事物呢？冷靜不是向發展能量上潑冷水，也不應該降低發展的熱情，冷靜地觀察是指保持宏觀遠見，用心地去對自身所發射出去的炮彈、方向、距離和落點加以分析。具備冷靜觀察的能力，是對發展能量做理性、合理地運用上不可或缺的。

人一旦興奮過度，常會胡亂發射炮彈，不顧自身的能力一味拼命，按捺不住要獲得成功的心情。在打拼人生當中也需要具有冷靜的觀點，當發射出大量炮彈時，或許會對振作精神、提升勇氣和消除不安有些幫助。但是若炮彈無法擊中目標時，到頭來只是一種浪費。

我認為，成功的關鍵不在發射炮彈的數量上，而在於如何集中火力，使之有效地擊中目標。我希望讀者們能夠時常保持冷靜，看清自己將採取怎樣的行動，其目的是什麼，以及將會產生何種的效果。這就需要人們在每天結束前，認真地反省一天的所作所為。

在反省時，回顧自己的目標是否有了成就？其方法是否正當？是否獲得了滿意的結果等。反省之餘發現仍有未逮之處時，就需要做針對性的分析。這樣做可以使一天成為有效率的一天。

這不止是能讓自己每天充滿創意，亦是一種將反省與發展相連結起來的思考方式。

要使反省與發展相連結，就需要在擁有熱忱的同時，保持冷靜的觀點。這並不是說對炮彈爆炸聲掩耳不聞，而是指保持似能觀察出彈道一般冷靜的心。

所以，必須自己有熱情，但是在高昂的氣氛中又要保持冷靜。為了能讓自己的生命活出最大的光明，讓自己所屬的團隊發揮出最大的能量，就要在熱情當中同時保持冷靜之心。

可以說，人若不瞭解自己，就很難有實在的未來。同樣，若團隊的成員們迷失了自己，也就未必能把握住美好的將來。所以，不論在何種活動當中，都不可忘記需要保持一顆細緻、冷靜的心。

二、沒有愛就沒有真正的發展

接下來要講的是與「發展的原點」的關聯性。「幸福科學」的基本教義為現代四正道，即「愛、知、反省、發展」。其中，「愛」與「發展」並非是互無關聯的教義。我認為，從「愛」中可發現「發展」之原點。

愛源自於佛，傾注於眾生，隨之普及於人們心田的愛，再向更多的人們放射，就形成了發展的型態。

「愛」當中本來就宿有「發展」的原型，因此，我們所追求的發展也就一定是愛的實證。有句話說：「無愛的發展，意味著死亡。」這句話並非點綴之詞，它還意味著「發展之本身，事實上存在於愛之中，是愛的一種顯現形式，是愛的成長型態」。

若要以愛心對人，在其努力的方向上，與其只關愛一個人，不如關愛二個人、三個人、十個人、百人、千人、萬人。世間人生僅有幾十年的時間，在此過程中所能遇到的人也是有限的。我們在如此有限的時間和空間中生活，就應該對每一天的時間，要像對每一粒砂金一般地珍惜。我認為，要想不浪費宛如砂金的時間，就應該感謝佛恩，就應該以愛心求發展，除此之外別無他法。

人為何需要發展呢？此乃因為人擁有愛心，這個愛來自佛的賜予，人來自於佛的創造，所以，愛需要成長，以發展的姿態展現出來。

讀者可否理解這層深意呢？我是在強調，若追求沒有愛、僅是外表形式的發展，這個發展是毫無意義的。在傳佈真理時，將愛融入每一個傳道行為之中，是非常重要的。

愛心應該融入在向人贈閱真理書籍之中，融入對人關心的話語中，融入對事物的觀察眼光中，融入人生中的每一步，融入伸出的手掌中，融入給他人的一張便箋上。在自己傳道的每一個細小的行為上融入愛，如此才是關鍵。

愛是從小事發展而來的，是從身旁的事物開始的。希望讀者們在小事上注入愛，把愛注入在一只信封上，注入在貼郵票的手指上，注入在寫地址的字裡行間中，注入在撥電話的手指上，注入在打招呼的話語中。當別人陷入痛苦或苦惱的時候，能夠毫不猶豫去關愛他人，時時持有愛心是極為重要的。

我一再重申，在發展的同時，「愛心」不可忘記。

三、自信與實力

第三點我要講述的是，面對發展需要增強自信與實力。自信與實力密切相關，有自信，實力就會湧現，有實力，自信能更加的深遠。自信與實力是互相影響而發展起來的。

自信的根源何在？我認為其根源在於理想，在於做為佛子的理想。人來到世間，絕非單為生存，而是為了實現崇高的理想，為了實現佛的理想，為了實踐做為佛子的使命。信守此心念的人，無疑可活出自信的人生，由此可知對使命的自覺是何等的重要了。

切記，即便是從使命感湧現出的自信，若你沒有實際成績，有時從他人的角度看上去，就好像狂妄自大和自我陶醉而已。

或許並非本人之意，但旁人卻認為你太過於自信、目中無人。因此就必須培養出真正的實力，有實力就會有所成績。所以，若要知道自己具有何等實力，只要觀察自己的成績、業績即可，它如雄辯般地證實出你的實力如何。我認為，只有自信與實力保持均衡，才能夠實實在在地成為發展的原動力。

以下講述如何確認成績還有業績的問題。最簡單的做法就是，確認位於時間軸上的自己所處的定位，回顧比較一下一年前、半年前、一個月前的自己與現在的自己有何不同。

若不論是在判斷事物、成果、洞察力等任何角度上，確定自己有了著實的進步的話，這就不但表明你在生活中正在累積功力，同時也在暗示著一個美好未來將可能展現出來。

如果人生是過去的累積而來，那麼，亦有充分的可能累積出美好的未來。我認為，能否對自己的成長做公正客觀的評價也是很重要的。

有些心念黯淡的人往往對自己的評價偏激，好似拿放大鏡去挑自己的失敗、錯誤和挫折的一面，而完全不去關心自己的進步。如果自己是負有神聖使命的佛子，就應該對佛子的足跡做正當的評價。

不能正當評價自己的人，又如何去正當地評價他人呢？所以不能忽視對自己的行為做正確的評價。因為在自我認識的過程中，自信才會湧現出來。

我希望讀者們時常把「自信與實力」銘記在心，時常捫心自問：「現在的自己是否有自信、有實力？能否培養出自信和實力？即便尚不能達到自我滿意的水準，但如果確實現狀比半年前、一年前有進步的話，就表示自己的腳步是扎實的。」如此思考至關重要。

四、展翅飛翔

以上，我講述了面對發展的幾個心法，最後我要闡明也是希望讀者們銘刻在心的是「展翅飛翔」。至今，讀者們的努力只是以路上奔跑為目的而已，或許像鴕鳥那樣以全速奔跑為目的。要知道，至今的努力包括今後的努力，都是為了一口氣騰空飛翔。我希望讀者們獲得悠然飛翔天空，俯瞰山川、河谷，走堂堂正正的人生之體驗。

不飛翔，何來成功之有！不飛翔，辛勞和努力有何意義！我們一定要向著天空展翅飛翔。唯有振翅高飛，才能夠履行身為佛子的使命。用愛、智慧、反省以及發展的心願展翅飛翔吧！

這就是今天聚集於「幸福科學」的人所需要的心聲！

第八章

Chapter 8

發展思考

一、與佛的承諾

本書提示的「發展思考」，與人們常見或所期待的世俗成功理論有所不同。在我的眼中，無論是地球，還是太陽系、宇宙，在永恆的時光中，宛如潮起潮落，分分秒秒均在變遷著。人的一生，實為短暫、無常、剎那的時間。

可是，到底有多少人能夠認識到，在自己的生命中貫穿著無限的時間呢？又有多少人能夠確信這一點？每想到此，我就會發出一種如石沈大海樣的感慨。儘管如此，我仍須要向人們傳達真相。至今，多數人過於把地上世界認定為自己的立足點，甚至連自己的人生，也只是透過世間的立場予以定論。

但是，希望讀者們傾聽我言。就如同我過去一直傳達的那樣，人本是靈性的存

在，肉體並非自己生命之所有，只有宿於肉體之中的高貴存在，才是人的本質。「宗教」能夠讓在世間忘卻了一切的人，回想起其真正的本質所在，並教誨其何謂本來的世界、心靈和靈魂的故鄉。為了滿足人的「求知」的根源性意欲，才有宗教。渴望認知本來的世界以及本來的自己，求知欲也就必會湧現出來。為這求知欲做奉獻的，便是各種學問、道德以及教義了。

可如今，當我們綜觀展現在眼前的思想全景，就會發現，過去眾多降生於世間的光明指導靈，他們所累積的努力，都似要化為泡影了。我看到，只是地上人口數量在不斷增加，如潮湧般向著下游無止境地流逝著。

首先，有了「佛」，佛以意念創造了宇宙。宇宙間有太陽系，也有地球。「要有如我一般，能夠自由思考的存在！」即是佛願，因此以意念創造了人類的祖先。

人類的祖先即是佛子。是故，人類曾對佛有過承諾，即在佛所創造的世界裡，以佛所傳達的教義為準則過生活。佛依其承諾賜予了人類永恆的生命。假設，這條承諾是可輕易背棄的性質的話，那麼佛也就未必對永恆的生命做保證了。然而，佛在知曉人類是易犯錯誤的存在之同時，至今依舊保證著人類有永恆的生命，保證著人類屢次的輪迴轉生世間，持續做著靈魂修行。

佛子不會忘記這條承諾，但是，其靈魂後裔的現代人類，卻似乎早已忘卻了自己的承諾。如果我們不能遵守「以佛的教義為生活準則」之承諾的話，就免不了會失去我們有永恆的生命之保證了。可是，即便人類幾百、幾千、幾萬次違背這條承諾，但佛卻依舊執行著最初的承諾，在永恆的時光中默默地守候著。因此，我們必須要回想起自己本來是怎樣的存在，覺醒本來的使命！我現在所講的，是以讀者的立場做考慮的內容，但絕不是讀者的難行道。我們人絕不是偶爾被創作出來、又會毀壞的陶偶之一般存在。當能夠自覺到人的本質在於貫穿著永恆的生命之靈魂時，人生價值觀就會有全新的改變。你的生命就會在此瞬間如玻璃珠變成鑽石而閃耀，就會粉碎原來把鑽石當作玻璃珠的錯誤看法、邪見，讓真實之光顯露出來。

我曾多次重申，即便人們把這個世間視為出生的故鄉，但總會有一天要離去。在閱讀我這本書的讀者中，也沒有人能活到一百年之後。世間並不是人類的永存之地，人的靈魂故鄉為本來之歸宿，人是幾十年前，從靈魂的故鄉轉生到這個世界來的。

二、佛眼中的實相

（一）男性靈與女性靈

當今有很多思想敏捷而優秀之人，以攻讀醫學等為志向，日以繼夜地勤勉學習。然而，世間學問卻是何等的悲哀啊！不管再怎麼去鑽研學習，也未能從中瞭解到，人在做為胎兒出生之前，就已具有一個完整的靈魂。人們也未能理解到，人死後另有靈魂的歸宿。因此，人們必須認識到，現在只是生活在除了用愚昧兩個字以外難以形容的低層次精神世界裡。

靈魂在母親懷胎前就已經存在，男性有男性的靈魂，女性有女性的靈魂。繼而，他們在各自做出了自己的人生計畫後，誕生到了這個人間世界。在靈界中也有男性和女性的不同，許多優秀的靈魂都有男性靈與女性靈之明確區別。至高級靈界，更加確立了男性靈與女性靈之不同性別的靈魂存在。

所謂人的靈魂，並非單是一個小靈體，而是由一個小組所構成。其中，有一個靈格程度較高的為「本體」，其餘五個為「分身」。這六個人每隔幾百年依序輪流轉生世間，並共用世間的修行經驗。這一結構的可貴之處，便是無論誰獲得了世間的經歷，都可當做六位成員的共同經驗和智慧。若是優異的靈魂，男性靈組中的六個都是男性，共同背負著作為男性最高的使命；女性靈組中的六個也都是女性組成，共同背負著女性最高的使命，累積靈魂修行。

然而，在靈界較低的層次上，靈魂的男女之別尚不十分明確，所以，有些六人靈魂的小組，由不同性別的男性靈和女性靈構成。譬如，這種現象常見於四次元幽界、五次元靈界的靈魂之中。無論是男性還是女性，看似相差無幾，故以不同的性別轉生到世間上來。當今有些人不承認男女有差異、想取代男性的女性，以及女性化的男性，都是處於這種迷惑之中，忘記了各自本來被賜予的使命。

（二）佛的理想

即使是被當今世人推崇為具有最高價值的民主主義，若從佛的角度來看，也仍有莫大的可議之處。本來，人在向佛立下誓言後，被賜予了永遠的靈魂修行之機會，但是奉行佛法無數次輪迴轉生的人們，現在卻忘記了佛，迷失了正確的基準，而對事物力圖以人頭數去定出「正確」的基準。

現在，很多靈格較低的靈轉生到了世間，如果單以少數服從多數的裁決方式的話，在這個世界上地獄性思想將會逐漸蔓延。當今看似已進入了隆盛時期，但實際上已走到了即將墮落至深淵之邊緣。

實行民主主義之必須前提，即首先要承認佛的存在，誓願為佛而生；探究何為自身之正道；生活以佛為理想、目標而努力精進。若人們都能如此生活，多數人的意見才有其正確性。當每個人都能遵守佛的教義，為實現佛的理想努力之時，多數人的想法才能真正接近理想的境界。唯有如此，才能創造出完美的世界。

反之，若人忘了根本，將會發生怎樣的情形呢？如果世上的每件事物，都是靠利己主義者之多數決的話，其結果不堪設想。須知，我們正是處於這種青黃不接之際。

（三）何謂死

上述中曾涉及了醫學問題，如果連對人死後將會怎麼樣都無法回答的話，就未免太愚癡了。這個單純的事實，不用說二千年前，就連一萬年前的人都知道，而現代擁有最高知性的人卻不懂，在實質意義上來講，這究竟是不是意味著「最高」呢？這不得不令人產生有背道而馳之感。

這包括最近議論紛紛的腦死問題也一樣，人的生命究竟是什麼？他們迷失了這根本性的問題，似乎把生命誤解成是大腦機能和內臟器官的活動、血液在流動。

靈魂是真實的存在，這才是本質，才是主體。若認同這個觀點的話，就必須用靈魂的觀點來看待人的生命。將要往生的人，需要安詳、平靜地接受死亡的事實，做好前往靈界的準備。如果把人比成機械，就是極為令人遺憾的事情。

人之死，並非指腦波停止，也不是指心臟停止跳動。真正的臨終是指宿於肉體的靈魂脫離、靈魂與肉體相連接的靈子線斷開之時。一旦靈子線斷後，靈魂便無法再返回宿入肉體了。此外，有很多瀕死體驗的報告。譬如說，當病患處於瀕死狀態，住院接受手術治療時，他的靈魂游離出來，看到自己在接受手術的情形等。或者也有人體驗到曾前往天國之後，又奇蹟般地回到了這個世界並甦醒過來。有的人相信這種報告是事實，有的人認為這只是大腦幻覺現象等等，各有不同的意見。

但是，我在此要告誡讀者們，如今，在世界各地均有類似瀕死體驗報告的發表，其實這是在靈界的靈人們的籌畫下進行的。其目的，就是為了讓世人覺醒到確有靈魂及靈界存在。通常，因病身故之人，宿於其肉體內的靈魂也同樣陷入病態。譬如，肉體患有心臟病的話，其靈魂也會呈現出與心臟病同樣的狀態；當肉體罹患了癌症的時候，其靈魂也有癌症的痛苦。如此，心與肉體在完全相連的狀態做修行，這即是人的真實姿態。

在瀕死體驗中，靈魂脫離了肉體時，自身沒有任何痛苦。這是靈界光明天使在協助讓此人體驗，否則，通常的靈魂是不會那麼輕易地從肉體中脫離出來的。人通常在死去時，其靈魂感受著與肉體同樣的痛苦，逐步產生靈魂之自覺。

其中，即將落入地獄的靈魂，幾乎會陷入無法從肉體脫離的狀態。因為這些人生前都認為人死後一切都完結了，其意識執著在肉體之上，所以不到自己的肉體被焚化時就不知道自己已死。更有甚者，即使自己的肉體已被焚化了，也還不能反應過來。

有些人在往生後能立即返回靈界，因為他們在生前早已領悟真理，其心時常能夠與守護靈、指導靈交流，所以，臨終時他們便會前來迎接。相較起來，這樣的人的靈魂，容易順利地與肉體分離。

可是，大多數的人還不知曉這個事實。因為他們不相信靈界的存在，不知靈魂的存在，更不懂佛的存在。由於不知何謂死，所以其靈魂只能留在肉體中而別無選擇。最後變成無歸宿、無依無靠的幽靈。這是現狀。

所以，針對腦死者的器官移植議題來說，若提供者充分地領悟了真理，並讓其充分明白了，為其他需要延長壽命的人提供自己的肉體的作為，當然，這或許也是一條

菩薩道。但如果移植了抱持著人死後皆無的思想之人的器官的話，那麼不管是醫生還是患者都犯下了一個嚴重的錯誤。在捐贈者不同意的情況下，醫生就會犯下相當於殺人的罪，患者若是在自己的意志下做出決定，那麼醫生的行為就相當於幫助自殺。由於不知真正的靈性知識與現狀，以醫學進步為名進行器官移植的話，其結果，就是妨礙了許多人返回靈界的旅程，這實在是令人遺憾之事。

如此合乎情理之事，為何現在的知識人不想去瞭解呢？這實在令人費解。

三、真正的認識「權利」

（一）佛創立的真理

我於上節曾涉及了民主主義的話題，民主主義之根基，即在於個人的參與意識。要想使個人的參與意識能夠得到確保，就必須對「知的權利」予以保障，否則，民眾就無從對事物做出決定。因此，就必須有人能保障「知的權利」，藉此報章媒體的存在價值得以提升，人們對於大眾媒體的尊敬也將提高，於是從事大眾媒體的人們即能開展有如民主主義的旗手的工作。

可是，其中亦有一個大陷阱，若其行為對原本存在及對佛的承諾視而不見，就會釀成一股很大的反作用力發生。對於做為佛子的人類來說，無法改變佛創立的真理。因為，這是自宇宙之始的根本法則。這如同數學忽略了定理、公式就無法成立那樣，人類若忽略了宇宙之根本法則，也就無從有健全的日常生活及社會發展了。或許人類會產生取得了發展的錯覺，但遲早要崩潰。世人把社會陷入混亂的狀態錯認為是進化和發展，這是一個相當嚴重的事態。

因此，許多大眾傳播媒體者們的靈魂，在死後便一個接一個地落到地獄，而升上天國去的卻變得非常少。因為他們生活在世間時，其心已通向阿修羅地獄。阿修羅地獄是指以鬥爭和破壞為主的黑暗境界。媒體若是舉發不法，那倒是另當別論，然而明明自己沒有那般立場或權限，甚至分不清到底何為正確的情況下，就對他人加以陷害、痛批、死追不放；打著糾舉不正行為的旗號，事實上卻死攪蠻纏地做著害人的事，並認為鼓吹揭發問題，才是記者工作的本質，但其實這是通往地獄末路之途。

這些走在通往地獄末路途上的人，又如何能夠打造民主主義的基礎呢？如何能夠為大眾提供健全的判斷基準呢？這是非常令人痛心的現象。僅屬於個人的事還有得救的可能，但我希望他們千萬要停止在大眾健全的思想上蒙蓋上陰影，不要牽扯眾人一同前往地獄。

佛最初創立的真理是人類無法改變的，能夠予以改變的唯有佛自身。只要佛自身不改變真理，人類就只能在其法則下，選擇最美好的人生。

只有撒旦和惡魔，才會妄想依自己的方便和想法去改變佛創立的真理。他們抗拒佛所創立的法則，總想過得隨心所欲、為所欲為，還會反問：「這樣做有何不對了？有錯也是佛的錯！」這就是棲於地獄的撒旦之本質。

這些原因都可以歸結到「忘記了最初與佛的承諾」之一點上。逐步迷失了實相而過於傲慢自大，隨之，其傲慢之罪便現形出來了。

（二）宗教的復權

人想要認識原本世界的實相是人的天性，真正的「知的權利」，即是對心靈世界的認識權利，是人的本質的認識權利。若人不知死後將何去何從、不知有什麼在等待著自己的話，又如何知道怎樣才能度過美好的人生呢？對此問題的認識是普通人的要求。但無論是教育還是道德等，沒有任何能夠滿足普通人的這種要求。當今，還有人把宗教不當一回事，現今宗教在社會上得到了何種程度的承認呢？很多人忘記了宗教是必不可少的，宗教在傳達人們最需要的教誨。

我們生活在如此價值顛倒的世界，每日被各種有害的想法所毒害。或許讀者感覺不到自己正在被毒害，但是，如同魚兒游在工廠排放的污濁廢水池中，漸漸地受到了毒害一般，當這個世界日益混亂和滿佈地獄性思想時，生活於其中的各位也免不了受到污染。因此，宗教的復權是當今之大事，闡明真實的佛的教義，進而學習，是極為重要的。傳播真理的工作，遠比全球性企業活動之總合更為重要。

四、因無知而犯下的罪過

雖然不確定現在一年當中有多少人往生，但假設一年當中有一百萬人往生，其中無疑的有將近五十萬以上的人會落入地獄。很多人已下了地獄，或即將下地獄。就在各位讀者悠閒生活和學習的時間裡，每年都有很多人落入了地獄。

落入地獄的人，很少有人在世時就認識到真理。在認識了真理之後，就難以去過錯誤的人生了。正是這樣，大多數人因為不知真理而過著錯誤的人生，由無知而犯下的罪過是極為嚴重的。

雖然有的人認為所謂地獄，是過去的佛教等為了恐嚇人、讓人不要行惡而編造出來的思想，其實，地獄是實際存在的，如同佛教所說的那樣，地獄活生生地存在著。

我時常靈視到在地獄受苦的人，並常會感嘆：「這難道還是人嗎？他們活著的時候是與世人同樣打領帶、穿西裝、有頭銜和有高收入的人。可是往生之後，靈魂脫離肉體回到靈界，其心態本身即是其存在的原貌，所以黑心的人死後的形態，即是與其心態特徵相稱的醜態，以如此樣貌活在地獄中。」

即便生前是一個有美麗面容的女子，但如果她的心變得邪惡，走錯路的話，那麼不管她如何喬裝打扮外表，在失去了肉體之後，她的心就會表露出來，其美麗的外表將即刻變成一個醜陋的形態。

反之，一位容貌並不出眾的女性，但如果她的內心充滿了信仰，充滿了對世人的愛，走的是正確的人生路的話，那麼在她死後，其美麗的心靈便會顯現，展現出充滿莊嚴神聖的美麗姿態。男性在判斷女性的美醜時，不可只看世俗外表，還必須看她的內心，因為這才是決定她將來的姿態之因素。

對男性來說也同樣；一個頭腦清晰、優秀的男子，如果他以愛心為社會並指導世人，他死後一定會回到美好的天國，回到我們稱之為光明界的六次元世界去。這六次元世界是能夠教導人們的人才能去的世界，是持有能夠教導他人的內涵，並持正心、心地清靜的人才能去的世界。

然而，同樣是頭腦清晰也很優秀的人，但如果其心出現了錯誤，沈浸在權力欲望、自私自利之中，常無情地誹謗別人、引人誤入歧途的政治家、學者或企業家，其死後必定會墮落到無間地獄去。

人往生後會回到一個符合其心境的地方去，如果做視覺性描述的話，那是一個漆黑的世界。在那裡有的人被困在沼澤裡，又有的人被困在洞窟中動彈不得，還有的人就像走在漆黑的沙漠中徬徨，走不到盡頭，也見不到任何人。除這些孤獨的地獄之外，還有一個稱之為阿鼻地獄，極為痛苦的地方。那裡是一個地獄靈們彼此責難、心無停歇的地獄。從另一個意思上講，那也是不斷自我責備的自責不休之念。因為己心中有致使別人發瘋、困惑的心念，從而招來了相同程度的反作用力。

另外，還有對現代人常呈現出來的畜生道、動物界的地獄。在那種地獄中有很多以動物的形態生活的人。譬如，過去曾是老太太的人化為大蛇，痛苦地翻滾著，還時常顯現於世間附身於人，纏繞在活者的肩或腰上使人痛苦。其靈體外表已不為人樣，而是動物的形態。在過去的電視靈異現象節目中，有很多蛇、狐狸等動物，其實那些並不是真正的動物，而是人心退化成動物的形態。實際上，在靈界，心念中最具代表性的特徵會顯現出來，這就是很多現代人犯了錯而去的地獄。

如此結果其理由何在？那是因為他們迷失了做人本應具有的心，而轉以動物的本能處世，須知滿足私欲的生活方式，與動物的生存方法沒有兩樣。因此，回到靈界後需要以那種形態，來面對反省的時期。無論如何，我希望同樣過人的生活的人們，不要落入到那個地獄去。我認為，在百萬人當中有五十萬以上的人已墮落的情況下，以此告誡人們有這種危機，應該懸崖勒馬的道理，是刻不容緩的事。如果看到有人闖紅燈，有人有即將跌落深淵的危險，但卻對這些視而不見的話，那是最下策和最不能寬恕的事了；可是世上這種人大有人在。

這些人死後還需受幾十、幾百年地獄痛苦的煎熬。若人生前能夠接觸真理，並依真理而生活的話，就能避免這種痛苦，這不就是信守人的尊嚴之本意嗎？

地獄並不是為了懲罰、折磨人而被創造的，而是以人心為起因所造就的。因為世間是物質世界，所以心念也未能完全呈現出來，但在靈界心念即實相世界。

如果與我們共同生活在世上的同胞們，將來有可能跌入地獄的話，向他們伸出拯救之手，是合乎情理的事。有的人對此持懷疑的態度是他的自由，但這也是無可爭議的事實。我持續的靈性體驗告訴我，這是百分之百的真實，而毫無質疑之餘地。

如果現代的無神論者，或不知有另一個世界的存在、不知心靈的人，將墜入地獄的話，其結果會怎樣呢？如何才能脫離地獄呢？如何去拯救他們呢？

要脫離地獄，唯有走正道而別無他法。端正己心、朝佛的方向精進是唯一的出路。但如果不知佛制定的法則，就有如陷入迷途那也無可奈何了。所以，活在世上時學習真理是難能可貴的。

五、阿羅漢的境界

接下來，讓我們將靈眼轉視天上世界，看一看那又是何等的境界。在四次元的幽界中，有一個精靈界，那是花草盛開的世界。雖說是四次元，但卻是比人間世界更美麗的世界。

五次元世界亦被稱為狹義的善人界，是善男善女所去的世界。夫妻曾有過和睦生活，並各自在自己的職業領域中認真工作過的人，往生後其心靈會回到五次元善人界。在五次元世界中有務農、從商等世間所有的職業，應有盡有。在這裡也有很多相處和睦的夫婦，他們不會在人背後指指點點，而是做事圓滿、心地端正的人，彼此祝福，這個世界的生活是比地上人間世界更安然美滿的世界。在此已沒有刻意要去傷害他人的人，人們彼此的關係和睦友善。

隨之在其上還有六次元光明界，對此上述已有所著墨，這裡通常是被稱做老師、教導他人的指導者去的地方。這不僅是指學校的老師那樣的人，主要指立足於引導他人的立場，教導人們正確的人生觀，指引正確道路的人。

雖然在這六次元世界當中還有高低層次之不同，但從整體上來說，居住在這裡的盡是卓越的人。讀者們或許有過類似的經驗，若與一群優秀的人聚會時，會受到他人的啟發，並產生自己應該加倍努力的心情。當來到了六次元世界時，就有機會與優秀的人們相識，彼此相互指教、互惠學習，從中受益匪淺。六次元世界所散發的光芒，要比五次元善人界更加光彩奪目。

六次元世界內的上層部分這一層靈域，即阿羅漢境界。居住在阿羅漢的人們須具備如下條件，即斷絕內心的煩惱、以正心過生活、力行悟道修行、以光明天使為目標，做光明天使的後備軍。我在此重申，人們只要於今生今世有了真理的覺醒，信仰佛而努力不懈地精進，那麼任何人都可以達到阿羅漢境地，人人都具有這種可能性。

六、以菩薩的世界為目標

接下來，在阿羅漢世界之上，展現著七次元菩薩界。繼續往上看，還有八次元如來界，以及高層大如來的九次元宇宙界，這也是救世主的世界。對大多數人來說，無法提升到八次元如來界之上的九次元宇宙界。由於九次元世界是沒有進行悠久的修行累積便不能到達的世界，所以我希望各位，應該要以進入菩薩的世界為目標。

靈界是百分之百的存在，我對此可以保證，死後的靈魂都有其歸宿的世界。因此，靈魂的歸宿絕不應該是沙漠、沼澤、畜生寄生的地獄，不應該是爭鬥不休的阿修羅地獄，不應該是自欺欺人的地獄。人至少應該回到優秀的人生活著的六次元光明界，或是透過努力回到七次元菩薩界。

那裡是充滿光明、光彩奪目的世界。若以世人的視覺來描述的話，其道路有如是用鑽石鋪成的光道，房屋也似以寶石砌成。

菩薩界中居住著各個國籍的靈人，是一個真正的國際社會。人們超越了教派之別，相互友愛。譬如，以耶穌為師者，便學習基督教義；以釋迦牟尼為師者，便在此學佛等。唯有老師有所不同，但絕不會為此而互相傷害，不會視他人為異端而互相咒罵；即便是不同的老師，人們也都能夠互相理解、謹守本分工作，這樣的人能夠居住在菩薩界。人與人本是同胞，或許在世時曾抨擊過其它的宗派，但在心靈實相世界裡不會發生如此的事情。雖然在工作職責上略有差異，但是大家都能互相友愛和理解。

菩薩界的人們，就是在這樣美麗的世界裡，每天都過著充實的生活。他們的日常生活大致是從早上向佛的祈禱為開始。在開始工作之前，懷有這樣的心情進行祈禱：「感謝佛賜予了自己如此使命，但願今天也能有良好的工作表現，能夠拯救更多的眾生。」

其中，有些靈人負責到人間世界做引導人的工作。若從天上界的角度來看，這是歷盡了千辛萬苦，但成就卻極少且相當費力的工作。有些靈人為了讓人間世界能夠得到更大的發展，在靈界鑽研著各種思想和技術等等；有些靈人的工作職責是到地獄世界去教導那些深陷地獄的人。有些靈人作為天使的角色，指導剛往生不久來到靈界的人。還有些靈人是到下層次元界，在類似學校的地方指導眾人；菩薩的工作就是如此以教誨引導為中心的。

菩薩們有時也會聚會學習，有來自如來界的老師進行指導，透過各種授課做各方面的學習。所有的靈人都滿懷對佛的感謝之心，沐浴著佛賜予的光明，每天勤奮地工作著。菩薩的世界就是這種以助人為樂、拯救眾生的指導者所去的地方。

雖然六次元光明界的居民也都很優秀，祈求著自己的發展，但還畢竟是持有以自我為中心的價值觀。然而，菩薩的世界即是完全「利他」的世界，人們都只專注於如何才能夠拯救眾生的問題上。我希望讀者們都以回到這個世界為目標，否則，僅限於世間性的發展是毫無意義的。雖然世上有很多成功理論，但是要以能夠貫穿世間與靈界，並回歸這光輝的世界，才可作為理想。

為此，人生活在世間時，應該以向佛祈禱作為一天的開始，做有益於人的工作，認真學習真理，誓願創建光明的世界、佛國淨土，共勉和睦、攜手精進，這樣的人將能夠前往菩薩界。能夠把此視為自身之喜悅的人，此人的心靈即是菩薩。

若推斷本書讀者的平均年齡是四十歲的話，那麼大約平均還有四十年左右的人生。於是，如何用四十年的人生去引導更多的人，如何幫助更多的人則是關鍵。

請努力吧！但願各位讀者能夠引導萬人，並使其與真理結緣，點燃眾人心中的法燈，去拯救眾生吧！如果能做到引導萬人的業績，大致就能夠進入菩薩界了。雖說要進入菩薩界行來不易，但也是只要經過同等的努力就能夠進入的世界。

請讀者們向今後的幾十年挑戰，引導萬人進入正道。使人們覺醒於真理而不至於

落入地獄。同時，讓更多的人為創建光明的世界、佛國淨土共勉協力。你從中必會發現這即是使心靈得到提升的最廣闊的大道。

我曾講述了如何把所有世間的困苦昇華為自己力量，使之成為一條勝利的人生大道之「常勝思考」。相較之下，「發展思考」則是立足於超越世間，在靈界的視野下，使自己、世間、人類以及社會得到發展的思想。從靈界，即從心靈歸宿的世界之非世俗性的觀點，思索自己的工作，提升自己的心境，讓世界上的一切充滿光明；這就是「發展思考」。

人的立足點不可僅放在這三次元世界上，應該將自己的觀點置於七次元菩薩界，只要你能時常捫心自問：自己究竟應該做些什麼？應該完成什麼工作？理想的社會是指什麼？那麼，發展之大道將會向你敞開。

發展思考　後記

繼大受好評的《常勝思考》（九韵文化出版）之後，本書也應該會受到上班族或追求成功之人的歡迎吧！

再怎麼說，也沒有比發展更快樂的事了。本書是我在「幸福科學」的會員人數急速發展至好幾百萬人的時候所寫的。在日本的歷史上，被認為是空前絕後的「幸福科學」急速成長的奇蹟，已被眾人討論無數次。所以，本書的效用已獲得實際驗證並且有著堅定不移的自信。

請你也體驗一下貫穿現在與未來之間的發展吧！

幸福科學總裁　大川隆法

財富吸引力

第二篇 繁榮思考

繁榮思考 前言

這個世界正蔓延著一股把成功、構築起巨大財富的人，當成罪人來看待的風潮。這種傾向就像是，當有螃蟹企圖從水桶當中往外逃命時，底下的螃蟹就會用牠的螯將上面的同伴給扯下來一樣。如果成功地從水桶當中脫逃的螃蟹，將其脫逃的方法傳授給其他的螃蟹，創造出將同伴一個個拉提上來的文化的話，又會是什麼樣的狀況呢？我們應該會看到接二連三地出現成功者吧？

我贊成「機會的平等」，因為這代表著藉由自由而促成的繁榮。但是，我卻不贊成將嫉妒心合理化的「結果的平等」。創造出一個勞心勞力、絞盡腦汁獲得成功的人遭到咒罵，而怠惰的人卻得到好處的世界，勢必會明顯地將社會的道德標準往下拉。

切莫以「修正貧富差距」之美名，企圖讓馬克斯的亡靈復活。「好的差距」可以給其他人帶來勇氣，為社會提供幹勁和活力。繁榮始自於肯定「繁榮」。

幸福科學總裁　大川隆法

第一章

Chapter 1

如何獲得成功？

一、成為有錢人是一件好事

你是否「對財富產生罪惡感」？

本章的主題是「如何獲得成功」，但是，我們有各色各樣不同的讀者，而且關於成功的話題範圍也非常地廣泛，如果只是陳述一般性的論點，恐怕會沒完沒了吧？所以，我想論述關於「如何才能賺錢？如何才能成為有錢人」這方面的內容，這樣的論點也許是比較少見的。

當然有人在閱讀本章之後，也沒有成為有錢人。但是，真正成為有錢人的機率，就如同有人在聽了我的法話之後，疾病就痊癒一樣的機率。

當我們把「成功」的定義往「成為有錢人」這個方向縮小範圍時，首先最重要的想法就是「不抗拒財富」。

喜歡宗教的人，對財富存在著罪惡感的人特別多。在二千年前，或者比二千年更早之前的宗教當中，不管是基督教還是佛教，甚至是其他的宗教都經常會論述那般教義，其結果，人們幾乎都把財富看得像惡魔一樣。

財富確實也有這個面向，這是事實。很多人會因為財富或金錢而受到誘惑，所以財富也是一條「通往墮落的道路」。

但是，有別於這條路，還有另一條路也確實在我們眼前開啟，那就是「通往發展、繁榮的道路」。至於會通往哪一條路，我想這與得到財富，獲得成功的人本身的人生觀或志向有關。

因此，如果有人直接了當地問我「在現代的環境當中，像傳統佛教或傳統基督教的教義那般，否定金錢等財富的想法是否正確」，我就不得不說「No」。

在現代社會中，有各種企業興起，相繼成為大企業，雇用幾萬人，甚至幾十萬人。因為這種大型企業的出現，新的職業於焉產生，大家靠著在如此企業裡工作以養活家人。有許多人是在一個世代之間，就建立起這種大型的企業。

舉例來說，有微軟的比爾．蓋茲這樣的大富豪，日本也有很多創立大企業的人。如果我們全部否定他們，認為成為大企業高層的人都是「地獄的魔王」的話，那麼，從企業那邊領薪水過活的人們不就等於是「魔王的手下」了？

然而，事實並非如此吧？如果有「希望世間富庶，人人幸福」的想法，而事實上他們的所作所為也沒有殘害世人，甚至透過讓世間變得豐裕，讓人們獲得幸福的工作，而讓大環境變得富裕的話，那也不是什麼壞事。

將成功者視為惡人的左翼思想的謬誤

有人會基於宗教的原罪而抗拒財富，詆毀財富，或者受到馬克斯主義的左翼思想影響而認為「賺錢的人都是壞人。因為有這種人存在，所以才會讓許多人變得貧困而不幸」。

最近，這種思考邏輯又再度抬頭，利用「貧富差距社會」這個名詞鼓吹「貧富差距是不被允許的」的觀念。

更有許多電視節目播放貼身採訪流浪漢的報導，但是這樣的人並不是現在才有，過去早就存在了。

我認為，在現代這樣的社會，「會賺錢的人都是壞人，沒有錢的人才是正直的人」的想法畢竟是不合時宜的。要獲得成功，就必須要有相對的智慧和努力，如果一昧地否定這種智慧和努力，那麼這個世界就只會充斥著怠惰的人們。

如果拼命努力還是無法成功，那麼這個社會就有問題了。那意味著這是一個沒有機會的社會，是一個機會不平等的社會。

所以我才一再提倡「我們需要機會的平等。機會的平等是必要的」的觀念。「根本就沒有成立企業的機會」或者「若沒有出生在貴族，或者相當於古時候的封建地主、大諸侯之家的話，就沒有出人頭地的可能性」的社會，是一個讓人覺得不堪的社會。

另一方面，我堅信「機會是平等的，能夠靠著個人的努力和精進、才能而開啟人生道路的社會才是正向的社會」。

如此一來，人與人之間的落差就必然會產生吧？然而，如果只因為彼此出現了落差，就嫉妒成功開啟道路的人，或者將這種人歸為壞人，這樣的世間就不值得讚許了。各位應該對這種人正面的肯定，認同他們的優點是「優點」。

但是，無論做什麼事，都一定會有人失敗，所以我覺得設置一定程度的安全網之類的救濟措施是必要的。依據各個國家或社會的水準，人們應該要獲得最低限度的生活保障。

同時，獲得成功的人，本著騎士道的精神回饋社會，又或者獲得成功的企業，能夠增加雇用的機會，這都是很重要的事情。

解決失業問題不只是政府的事情。我認為，只要有餘裕，企業應該在沒有就業機會的地區成立新的工廠，努力盡到回饋社會的責任。

「金錢就是時間」的思想改變了我的人生

我本身在年輕時有過「想法改變」的經驗。

十幾歲之前的我，從某方面來說，曾經有過前述的傳統宗教型的思考方式，也就是傳統佛教或傳統基督教所宣揚的，「不能同時服侍財富和神兩者」的想法。說穿了，就是我過去抱持著「清貧思想」，認為「貧窮而清淨才是正確的生活」。

若要問我是在什麼時候改變這個想法的，那就是在我接觸到完全相反於耳熟能詳的諺語「時間就是金錢」，也就是「金錢就是時間」（只要有錢，就可以買到時間）這句話的時候。我在二十歲左右知道如此觀點之後，心裡產生了不同的感觸：「有道理，確實有其道理」，頓時想法出現改變。

「只要有錢，就可以買到時間」，這其中的意思就是只要有錢，就可以使工作有進展，或者是易於擴大工作的範圍。

我的工作也一樣，我一個人可以涵蓋的範圍是有限的，但是，如果有人可以出手相助，我的工作範圍就可以擴大了。

舉「看書」為例，到書店去買書，雖然有其樂趣所在，但也是一個要佔用掉半天時間的差事。然而，如果有秘書的話，就可以請秘書到書店去幫忙買書，所以如果有雇用秘書的錢，我就可以省下半天的時間，這段時間我就可以多看好幾本書。

發展事業也一樣，如果有很多資金的話，就可以順利地大幅推動工作。

幸福科學也適用如此邏輯，只要有足夠的資金，就可以建蓋許多支部，也可以在各地建立做為研修設施的精舍，此外還可以到海外傳道。這麼一來，就可以提前完成預訂計畫。也就是說，用金錢是可以買到時間的。

因此，就我們想做的工作來說，如果志向和動機是善的，是為了幫助社會發展而努力的話，「時間就是金錢」和「金錢就是時間」是可以兩立的。

我本身在年輕的時候，因為想法有這樣的改變，事實上，人生也有了重大的變化。

幸福科學肯定「透過正當的工作所獲得的財富」

一開始於心中撒下的種子當中，如果有著「對財富感到罪惡感」的種子的話，那麼此人就無法成為有錢人，那是因為此人堅信「成為有錢人會墜入地獄，成為惡魔的同伴」。如果有這種心態，那麼就算再怎麼努力，都會莫名地遭遇失敗。

舉例來說，就算此人經營公司，也一定會破產。因為此人覺得如果不失敗，就無法前往天國。正是因為一直堅信「如果破產而變得一文不名，就可以上天國，萬一賺了錢，就去不成天國，反而會下地獄」，所以此人才會總是採取不良的經營策略，導致公司整個崩毀。

公司崩毀的結果，就算老闆本人對自己變得一文不名不在乎，但是一般而言，公司裡面都會有員工。不管公司的員工是十人，還是三十人，亦或是百人，經營者都有責任要照顧所有的員工和他的家人的生活。

老闆自己有什麼下場無所謂，但是，萬一公司破產了，在裡面工作的人們恐怕就吃不消了。所以，破產是一種惡。

「透過從事正當的工作，公司的商品或產品暢銷，創造利潤，使業績呈現黑字，進而能如實地支付薪資給員工。甚至還能讓員工對公司懷有夢想，懷有對未來的願景」，以上才是正確的經營方針。我認為，本來就該是這樣的。

當然，關於賺錢，常常會聽到吃相惡劣的案例，為錢所惑而犯下罪行，登上報紙版面的人每天層出不窮。如果只把重點擺在「只要能盡快拿到錢就好了」，就可能會與犯罪扯上關係，所以，自古以來，宗教即諄諄訓誡人們以此為戒。

另一方面，幸福科學則宣揚一個觀念——「不否定透過正當的方式，辛苦流汗，發揮智慧，經過努力精進而獲得的財富」，站在外國人的立場來看，這種觀點似乎也是非常新潮的。

尤其是亞洲、非洲各國的人們，在看過我那些被翻譯成英文或其他語言的書籍時，似乎都有一種想法——「如果以這種教義為基礎，豈不就能重建國家了？不就可以將自己的國家往上提升？日本成功的秘訣應該要融入於國家當中！」

讓人們獲得幸福的金錢是一種善

我要再次強調，從根本上，如果抱持著否定財富的想法，就無法成為有錢人，所以，我認為各位最好先修正這種想法。

各位必須努力讓自己保有如此想法——「為了好事而運用財富是一種善的富」、「正確地努力精進，絞盡智慧，透過做正當的工作而產生出來的價值是正當的」。

也就是說，對於賺錢，各位不能有「就像是做什麼壞事一樣」的想法。

舉例來說，各位不能在工廠裡一邊製造東西，一邊想著「買我們工廠的東西的人恐怕會變得不幸吧？可是，為了賺錢，不管那麼多了」。各位應該想著「如果用了我們家的東西，一定可以得到幸福」，滿懷著祝福的心情製造東西。

「我想製造比其他公司更好的東西。然後讓使用它的人獲得幸福」，抱持如此心態是很重要的。

幾年前曾經發生過「黑心米」的事件，某公司將部分發霉的稻米，謊稱為可食用米，昧著良心轉賣，以獲取利潤。只為了「賺錢」就做出這種事，將會使公司的信譽掃地。

也許他們多少是基於「就這樣丟棄未免太可惜了」的理由，也或許是認為「就算有一部分發霉了，只要把發霉的部分去掉，應該就沒問題了」。

但是，只因為有賺錢的機會，就大膽地轉賣不良米，這些人的內心深處在動機方面就不是出於「善」的了。食品和人的健康是有直接關聯的，「出售對健康有害的東西以賺取利潤」的想法畢竟是不對的。對此各位必須要引以為戒。

這種作法就等於是被金錢欲所誘惑，而走向墮落，如果是明知故犯的話，很明顯地就是一種「惡」。

另一方面，在這世界上，也有真正以健康為導向，為了提供「讓食用者會變健康的食物」而努力不懈的人。但是，當這種「黑心米」事件一傳開之後，因為很多人就不再吃那種米了，就會導致辛苦的稻農深受其害。事情若發展到這種地步，那麼那些認真努力的人們，也會跟著蒙受重大損失，所以，這種不正當的行為是不可原諒的。

就這一層意義來看，我們可以說「如果就動機或結果而言，隨時以將社會導向正面的方向為目標的話，賺錢並不是壞事」。動機的部分尤其必須要是正確的。

希望各位都能抱持著「創造時間的金錢是善的，為人們帶來幸福的金錢也是善的」的想法；這是第一個重點。

二、什麼是最大的自我實現

金錢和地位、名譽不是有求就必應的

這個世界上有各種不同的工作，所以很難做概括性的陳述，但是，在這個世俗中，人人都想要的金錢或地位、名譽等，事實上並不是有求就必得的。唯有當各位做了相對程度的工作，週遭才會給予相應的成果。

舉例來說，只要努力工作，就算沒有刻意「想出人頭地」的想法，還是可以獲得

週遭人們的認同，地位會自然提升。此外，只要把工作做好，也就是能將工作產生高度附加價值的話，就算此人心中沒有特別有「我想要錢」的念頭，只要公司的收入一增加，此人可以拿到的薪水，自然地就會跟著水漲船高，四周的環境會有所改變的。

說起來很不可思議，但事實上，結果就是這樣。不需要主動去追求，結果自然地會如此呈現。

無論如何，與此人相符的事物自然地會靠近而來。至於「什麼才是與個人相符的事物」，各位自己本身往往不得而知，但是週遭人們或世間之人是知道的。

以公司而言，若問「公司的規模能擴張到多大」，那是由世人的評價來決定的。是世人從綜合的角度來評價這間公司的工作，進而導出一個結論「這間公司發展到這種程度是對大家有利的」。如果一間公司讓世人感覺到「希望他們更加蓬勃發展」的話，就會有大量的顧客追隨，而這間公司的規模就會更加壯大。

因此，就算不刻意追求，自己也會給賦予相應的立場。

如果名不符實，收入太多、地位過高、榮譽過剩時，「調整的原理」總會在某個

地方啟動，出現要此人自我反省的結果。

譬如，即便一時間變成了有錢人，但總是會因為某個機緣，那金錢又全部付諸流水。可能是投資失敗，或者因為某些環境的變動，讓之前賺到的錢全都付諸東流。

偶然地搭上順風車，做任何事情都成功的時候，一定是萬事順遂，然而，當這樣的時機一過，一切也還是會成空。

但是，如果是真正獲得社會認同，被認為是必要的事物時，只要撐過景氣的變動，就可以存活下來。只要是一個隨時考量「世人需要什麼」，認真看待客人的公司，那麼無論是任何時候，都會持續地成長。

在公司裡出人頭地的方法也是一樣，基本上，根本沒有必要刻意去思考自己成不成就的問題。只要隨時把「公司的發展」和「透過公司的工作，自己最終能夠讓顧客或與公司互動的人們獲得多大的喜悅、幸福」這件事情放在心上，自然地就可以得到相應的地位與收入。

人很容易以自我為中心，所以各位要格外注意。一旦有自我中心的傾向，就會變得「盲目」，看不清事理。

抱持著「世人會明確地給予正確的評價」這樣的心態，每天精進，這才是重要的事情。

「鮮少考慮到自己」的人才是幸福之人

現在，我稍微轉換一下話題，把重點從成功論轉到一般的幸福論。

當回顧自己一天的時間時，在一整天的時間當中，想到自己的時間比較長的人，也就是老是想到自己的人，基本上都是不怎麼幸福的人。甚至可以說，只想到自己的人，說穿了都是不幸的人。

相反的，幸福的人多半都不太會去想到自己。也就是說，這種人因為總是思考著「能為其他的人做些什麼好呢」，所以根本就沒有時間去想到自己。

這種人在自我反省時當然也會稍微想到自己，但是，不幸的人則是從早到晚只想著自己。為自己的不幸找理由或藉口、在背後說一些讓自己變不幸的人的壞話等，總

之，這種人總是認為世界是以自己為中心在轉動。這就是不幸之人的特徵。

各位只要計算一下，一整天下來，想到自己的時間的長短，就大致上可以了解到自己是幸還是不幸了。老是只想到自己的人其實是很可憐，而且也是不幸的人。

好比拿家庭主婦做為例子，仔細一想，若是她想到先生或小孩，或者附近的熟人或朋友等其他人的時間很長，鮮少想到自己，那麼此人說起來是幸福的人，但若是以自我為中心來思考事情的人，大致上說來是不幸的。

真正幸福的人和圓滿實現自我的人，多半都鮮少想到自己。

如果凡事都想到自己，就無法實現最大極限的自己。

至於所謂的最大極限的自我實現是什麼，說穿了就是「自己可以為社會貢獻多少」。所以，此人心中想的都是這個世間或社會，乃至於世界的事情。

能做到這個地步，事實上就可以說是，朝著最大極限的自我實現的路途前進了；這是我想提醒各位的。

不管是一般的幸福論或者成功論，以自我為中心做考量的人，畢竟不能說是「幸福」或者「成功」的。事實上，想到自己的事情的時間越少的人，多半都是幸福或者成功的人。

尤其是女性，請仔細地想想。當妳在家時，是否老是想到悲慘的自我形象？或者為恐懼所俘虜？妳的內心深處是否充滿著陰暗？譬如對未來的恐懼、害怕被他人拒絕的恐懼、不獲他人認同的恐懼、蒙羞的恐懼等。對此，希望妳能確實地仔細地想想。

和「未知的恐懼」奮戰，也是身為企業家的才能

此外，我也想對企業家陳述我的觀點。

那就是「人是容易產生恐懼的生物，然而，身為企業家，想要獲得成功，對於未來的恐懼、對未知事物的恐懼，就要抱持著勇氣奮戰」。

每個人都害怕「未知的事物」。對於陌生、前所未見的事物，每個人都會產生恐懼。但是，保有和這種未知的恐懼對抗，而且有獲勝意念的勇氣的人，就是有著身為企業家的才能。

因為看不到前方的事物，所以才會對「是右是左？該選擇哪一邊？」的判斷產生迷惘。我想這個判斷，大概都會與自己的晉升或收入，或者是公司的命運等各方面有所相關。但是，與這種未知的恐懼奮戰，並且獲勝是非常重要的。

想要克服這些障礙，還是需要智慧與勇氣。同時，還需要平日的精進。智慧和勇氣，以及平常的精進態度都是非常重要的。

人生到處都有「陷阱」。人生的每一步路，都有非常多可能會導致失敗的事物。

然而，縱觀來看，我認為有個道理是可以信賴的。那就是「表裡如一、不斷精進的人，萬一陷入危機，或者落入陷阱、遭遇艱苦的境地時，一定會有人適時地伸出援手」。

表裡如一、不斷精進的人，不管他人有沒有看到，都一樣拼命努力的人，就算不幸落入陷阱，或者遭到陷害，甚至遭遇失敗，都一定會有人出手相助。

對此各位可以堅信。世人不是沒有眼睛，其實都看得一清二楚。各位必須要相信，人們都是以「如神一般正確精準的角度」來觀察眼前之人，是否是一個以自我為中心，只為自己而活的人？亦或是一個抱持著崇高的志向，隨時努力精進的人？

以努力做事的態度來說，單純只是惺惺作態，故意裝出來的努力，和打從心底真心的努力，這兩者有很大的差異。

從這個角度來看，儘管世間在短期間或許會有誤判，但從長期來說，幾乎是不會有錯誤的情況發生。所以，不管是公司，亦或是個人，只要抱持正確的志向，秉持智慧和勇氣不斷地努力精進，就一定會得到相對的評價。

然而，就算再怎麼拼命地努力，因為政治環境和與外國之間的關係等各種因素的影響，公司業績當然也會有不順利的時候。此外，隨著時代的演變，有時候也會遇上流行的業種產生變化的時期，而使得公司的業務發展不順遂。但是，此時能夠堅信「即便一扇窗關上了，另一道門一定會開啟」是很重要的。

概括而言，各位認識到「相信光明的未來而努力不懈的人，一定可以開出一條道路」。

切莫自我設限，祈求獲得偉大成功

不自我設限是非常重要的。若自己設定目標是善的，是能讓世人獲得幸福的話，不管是公司的工作，亦或是個人的事情，都要放大格局來思考，要追求偉大的成功。

舉例來說，有個人立下志願「想成為作家，寫一些小說」。這個時候最好不要給自己設限，「好作品的銷售量通常都不是那麼地多，所以能賣個二、三千本就應該不錯了」。如果真的是好作品，就該祈求「希望有幾十萬人，甚至幾百萬人能夠看我的作品」。

我一直都是這樣在內心祈求的，所以，才能有現在這個結果。而且，發行的書籍數量不只是百萬，甚至是以億為單位的。

此外，我的著作已經突破了八百本（二〇一一年底為止）。在不知不覺中，我就出版了八百本書了。自賣自誇可能有點奇怪，但是我真的覺得「這二十幾年來，我可工作得好勤奮啊！」。

為什麼可以寫出那麼多的書呢？仔細想想，那是因為在這二十幾年當中，儘管形式上有各種改變，但是我總是竭盡當時的最大力量，做好每一件事情，絕對不會偷懶懈怠。

並且，就我來說，在我學習的事物當中，寫在書中的頂多只有一成左右，沒有寫進去的、儲存起來的部分將近有九成。

在這層意義上，我一直都保有一種態度，那就是「絕對不會重覆隨便寫些同樣的事情，降低書本的品質，讓讀者感覺到『真後悔買了這本書』」。

世人通常都視新興宗教為愚蠢之事，但是我始終抱著一個想法「和作家或評論家相比較，我的學習量絕不可有不足之處」，從二十歲左右開始，就一直努力精進三十年以上，也造就我儲存了可觀的資糧。

拜此之賜，我在二十幾年之間，說法次數多達一千六百次以上（二〇一一年底止），而且從來沒有說過同樣的內容。這是很不容易的事情。那些被尊稱為「老師」的評論家，通常都會重覆說同樣的話長達一年之久，政治家等更是如此，看似口若懸河，辯才無礙，但在任何地方所說的話，卻是一成不變的。

說起來，若非像鴨子划水一樣，在水面下默默地努力，否則我絕對是無法做到「每次都講述不同的內容，每年都持續出版不同的書」。

成就這種事情的基礎所在，那無非就是「想傳達真理給億萬人」的強烈熱情。我不知道真理會以何種形式，到達每個人手裡，所以，我只有持續努力，創造所有可能的入口，讓真理確實地到達某人的手中。

其結果，我的書有著和暢銷作家不相上下的銷售量，而閱讀過的人大概都不會有「浪費了我一筆錢」的感覺。

附帶一提，針對我在幸福科學的教團內所出版的內部經典，我完全沒有拿版稅，全數都捐給了教團，至於在書店販售的書，以前是拿一般水準的版稅，但是現在也不拿了，全數都讓教團來運用。

此外，我也將自己的一部分收入捐做獎學金，或捐做幸福科學學園中大川隆法紀念講堂的建設資金等，我本身也身為在經濟上支援教團的「財神」。

「有錢」代表「可以將錢自由運用在好事上」，這是一件非常好的事情。不管是個人或者是公司，只要抱持著「希望能透過正當的工作，提高收入，將這些錢用在正確的事情上。希望能產生出游刃有餘的資金」的心態，在事業上努力邁進就好了。

三、在人與人之間的總體戰中獲勝

有說服力的人，從事任何工作都可以成功

最後我還要附加一點。

說服對手是一種「人與人之間的總體戰」。在說服他人之際，能測量出自己為何種人格。

「有說服力，但是卻不懂得賺錢」，這種事是不可能的。一般而言，業務員的銷售能力，和身為最高層的老闆的銷售能力之間，有著百倍之差。而這種差異就表現在

薪資和社會地位的差別上，然而，這種差異，說穿了就是「身而為人的實力差異」。

一般都認為「老闆進行高層外交，直接找上客戶推銷商品，所得的成果和業務員前往推銷的結果，有著百倍的差異」，具有說服力的人，是具備著潛力和綜合能力的。

「說服他人」是一種總體戰。是一種集結過去累積的經驗和知識、識人的眼力、直覺、靈感、守護靈或指導靈的力量、同伴的力量等的總體戰。其結果以具體的成果呈現出來。

就這層意義來看，我對「有說服力的人，不管從事什麼工作都會成功。就算轉換跑道或者自行創業，都一定會成功」這種說法是深信不疑的。

有說服力的人不管做什麼事情都會成功。也就是說，這種人有這種程度的工作能力。另一方面，沒有說服力的人，不管做什麼都是徒然的。這種說服他人的能力可以運用在任何事情上。

以「誠實」為座右銘而努力

此外，工作能力強的人，因為可以快速地完成工作，一下子就能處理好事情，所以空出來的時間，就可以拿來幫助其他的人，或者嘗試挑戰新事物。

人的工作能力會表現於任何事情上。如果自認「我有其他人百倍的說服力」，而這也是事實的話，此人就可以坐上社長的位子，絕對沒有錯。不管是男性還是女性，如果有百倍於一般人的說服力，就代表此人有成為社長之器。

在這層意義上，各位要知道「說服他人就是考驗自己的機會」，然後努力奮進就好了。

此時，誠實尤其重要。千萬不能有「欺騙、矇蔽他人以獲得成果」等的想法。譬如，在推動公司的銷售工作時，絕對不能抱著「欺騙、矇蔽顧客，促使他們購買劣質的商品」的心態。這種事情是持續不了多久的，並且若被高層知道了，恐怕亦會遭到解雇。

因此，應該以誠實為座右銘而努力。若能如此做到，那麼在人生的所有層面上，就會有所成效。

希望各位能體認這重要性。

抱持無限大的「志向」

請各位要保持著無限大的志向，很多人都把事情的格局想得太小。

以前某本書上寫了以下這樣的笑話。

某地有人在河川旁邊釣鱒魚。這個人釣到小鱒魚時，就會放進魚籠裡，但是釣到大鱒魚時，卻又放回河裡。

見狀有人心生疑惑「為什麼要這樣做呢？真是不可思議啊」，遂問垂釣者箇中理由，結果得到的答覆是「我們家的平底鍋直徑只有二十五公分，沒辦法料理比平底鍋大的鱒魚。所以，釣到大鱒魚時，我就把牠放了，我只釣小鱒魚回家吃」。

笑話是這樣寫的，事實上，人們也經常在做類似的事情。很多人都只帶「小魚」

回家，而「大魚」則基於「我們家的平底鍋沒辦法料理」的理由而加以丟棄。

然而，既然如此，那就把平底鍋換成大的就可以了。買個「大平底鍋」吧！

也許各位會做各種的自我設限，譬如「我能做的範圍就只有這個」，或者「我做得來的工作只有這一項」，但是，這樣的作法就跟前述的「配合自家的平底鍋大小，放掉大魚，只帶小魚回家」雷同。

在這個世界上，做這種事情的人太多了，所以，準備好「大平底鍋」是很重要的。希望大家都能用「大平底鍋」來料理「大魚」。請大家不要根據自己的「平底鍋」大小來衡量事物。

請不要有「超過二十五公分以上的魚就不要了」的自我限定。要考慮的應該是放大自己的「平底鍋」尺寸。

這是我衷心所願。

第二章 遠離窮神的方法

Chapter 2

一、創造「吸引財富的奇蹟」

幸福科學是一個創造許多種不同奇蹟的團體

幸福科學當中發生過許多不同的奇蹟，但我還想引發財富方面的奇蹟。

本教團發生過「疾病痊癒」的奇蹟，也發生過「學業突飛猛進」的奇蹟，甚至也有「人際關係變好」的奇蹟。這世間充滿了各種不同的奇蹟，本會也是，但各位不可忘記還有「吸引財富」的奇蹟，本會是一個能引發「吸引財富的奇蹟」的團體。

關於此事，我偶爾會提起，但是我相信聽過的諸位，可能還沒有充分領悟，並不是十分地了解。有很多人在聽過我的法話之後，依然右耳進左耳出，閱讀經典時，也只是隨便看過，只覺得「原來這世界上也有這種奇蹟啊！」更重要的是，他們還沒有發現到，財富的奇蹟和自己也有關係。

很遺憾地，在關於財富方面的領悟上，我覺得本會的信徒們的學習能力，只發揮了百分之一左右。

關於與財富相關的奇蹟，還是有很多人抱著「事不關己」的想法，認為「這世上是有人會被神佛選中，而成為富裕的人吧？偶爾也會出現幾個天生就是財神（在經濟上支撐教團的人），有著這種使命的人吧？但是，那都與我無關」。

但是，這種想法是錯誤的。

就如在本會學習心的法則，藉由過著不被惡靈附身的生活，因而出現疾病痊癒的奇蹟一樣，與財富相關的奇蹟，也存在於一個法則之下。

「吸引財富的法則」的體悟也是一種領悟

關於疾病痊癒的奇蹟，三不五時會刊載在本會的佈教雜誌上，但是被公佈出來

的只是一小部分。很多甚至會讓人驚呼「怎麼可能」的奇蹟都沒有被寫成報導。事實上，越是必須報導的事情反而沒有刊載，而理所當然可以痊癒的疾病，倒是經常被報導出來。

舉例來說，以下就是讓人驚奇的奇蹟之一。

某人因意外而導致大腦挫傷，頭蓋骨骨折，大腦的前頂葉嚴重損傷到幾乎失去了原形，腦出血一直沒辦法止住，醫生診斷「不知道能不能救活，需要緊急動開腦手術」。

在意外發生的當天晚上，本會精舍的講師，盼望能改善這個傷者的症狀，遂進行疾病痊癒相關的祈願。

隔天早上，醫生們在進行手術之前，為傷者再度照了一次X光，竟然發現出血的情況已經止住了。於是醫生決定先不開刀，繼續觀察情況，結果傷者急速地復原，在很短的時間內，頭蓋骨就恢復原狀，也完全沒有留下任何後遺症。

現實生活中就有這樣的事情。

然而，幾年來，這件事情並沒有被刊載發表於佈教雜誌上。本會就是一個可以把這種奇蹟，視為稀鬆平常的團體，連身為總裁的我，也是在經過了幾年之後才聽說此事的。

如果是其他的宗教團體，想必會立刻將此事拿來做為教團的宣傳和廣告吧？這是理所當然的事情，本會卻一付沒事的樣子長達數年之久，就這樣擱置一旁，一直到在偶然的狀況下，這個情報才傳入總裁的耳裡。

照一般說來，這種傷癒的狀況是不可能發生的。頭蓋骨骨折，大腦嚴重挫傷，卻在沒有動手術的情況下復原，甚至沒有留下任何後遺症。

也有其他的案例，癌症患者透過本會的祈願，一夜之間就痊癒。此事著實讓人驚奇，不過，或許有人會質疑「癌症的診斷結果，會不會是對X光片的判讀錯誤？」。

然而，「頭蓋骨骨折和大腦挫傷不藥而癒」的情形，就不是X光的解讀錯誤之類的層級了。本會的祈願，就是具有如此足以「移動版塊」的巨大力量。

但是，雖然現實生活中有許多透過祈願，而發生令人驚異的奇蹟事實，但是以前

本會卻是一個不擅運用這種方法的團體。

本會職員們的資訊認知力，低到甚至無法想像「如果把這種奇蹟傳出去的話，會引發什麼樣的效應？」只以一般上班族或公務員的態度「努力地完成被分派到的工作」。

這就是人們沒有充分覺悟，接下來我要陳述的「吸引財富的法則」的證據。

覺悟有許多種類，而「吸引財富的法則」也是一種覺悟，而無法體悟到這一點的人本來就沒有注意到，或者沒有想到增加支持者或增加收入的可能性。現實世界中就是存在著這種事。

二、如何避開窮神的糾纏？

你是否被窮神纏上了？

在世間當中有著一種正直、認真的好人，打算努力地撈泥鰍，然而很遺憾地，現實就只是拿竹簍去撈水而已，一無所獲。

這種人不管是上班工作或做生意，總是無功而返，要不就是發生，彷佛是用破洞的水桶汲水一樣白作工。重要的客人或下訂單的顧客，明明都來到眼前了，卻還是留不住這大好的機會。

譬如，在偶然的機會下，得以和對方公司的關鍵人物交談，卻輕易地讓這良機跑了，反而拼命地去跟那些無關重要的人，換言之就是沒有影響成敗關鍵權力的人交涉。這種人會老是花時間和精力，去跟那些說了也是白說的人周旋，或者賣力懇求。

就是有人會一而再、再而三地去拼命拜訪沒有權限，也完全無意將雙方的談話內

容傳達上去的人，反而不去找實際握有實權的人，或者可以理解談話內容的人。這樣的人，往往都會錯失出人頭地的機會及增加收入的機會。

對於這種人有各種不同的說法，但是從根本上可以說，就是「沒有習得吸引財富的法則」。

換言之就是「或許你被窮神附身了？請仔細檢視一下，是個人被窮神附身了？還是整個公司被窮神給盯上了？」。

窮神除了會糾纏個人，也會纏上整個公司或國家

不管是個人或者公司，如果有「再怎麼努力工作，還是賺不到錢，只累積一屁股的債務」的狀況時，可以說被窮神附身的可能性非常地高。

有時候，國家也會被窮神附身。現在的日本就是這樣，日本現在正處於被窮神附身的狀態。（編注：本章著於二〇一一年）

針對「當國家的領導者被窮神附身時，我們該如何救國家？」這個問題，我現在

正在努力。只要去除纏上領導者的窮神，應該就有一線生機，但實在是很難去除掉。

現今國家領導者的作為，就像把所有的國民都往下拉，所以幸福科學努力地從底下往上打光，然而從底下打光是很辛苦的事。從底下打光，一直到讓窮神感到「好燙」，進而落荒而逃是要花點時間的。因為支持窮神（國家的領導者）的人太多，實在是很傷腦筋。

如果沒有那麼多人支持的話，要趕走這個人是很簡單的事情，但是支持窮神的人有很多。這是為什麼呢？因為這些人的心境跟窮神是相通的。因為擁有同樣的心境，感覺彼此是同伴，所以才會大力支持，然而也因為這樣，導致自己也跟著變得貧窮。

國家財政出現赤字，國家變窮的理由何在？那是因為國家所推動的工作沒有讓人民變得富裕，甚至沒有打算讓人民變富裕，國家是朝著變窮的方向在推動工作的；這是很明確的事。

這個世界上，就是有人在二擇一的判斷時，總是做出錯誤的判斷，或者做出造成損失的判斷。世間當中真的有很多人，在百分之五十的賭注機率中，持續敗北。

我們面臨的選項多半都是選右或選左？選圈或叉？但是就有人故意選擇與正確解答相反的方向，這種持續做出錯誤選擇的人在社會上有一定的比率。

很悲哀的是，支持窮神的人，自己也會變得一樣貧窮。

以公司來說也是一樣的。如果被窮神纏上的人是社長時，或者是像窮神化身的人當上社長的話，這個公司就不是三兩下就可以救得回來的。就算部屬當中有福神存在，但除非相當賣力，否則沒有辦法簡單地去除窮神所製造出來的負面事態。

自殺的經營者就是窮神的真面目

現實生活中，窮神是存在的。

我認為「這個世界上存在著惡魔或惡靈」，而在靈界當中，確實存在著以讓其他人生病、遭遇意外、讓人們受苦為「職業」的靈魂。

這些靈魂就是自己存活於世間時，過著不幸生活的人。這種人死後變成靈魂之後，就抱持著就算自己沒辦法過得幸福，也要透過讓其他人過得不幸來抒緩自己的心情，甚至有一種「你活該倒霉」的心態。

就好像自己無法如願過得幸福，便靠著量產別人的不幸，來稀釋自己的不幸一樣。看到許多人遭受不幸，就莫名地會覺得自己變幸福了。有些靈魂就存活於這種假想現實當中，事實上，這些靈魂是在暗中活動著的。而帶來經濟上的不幸，被視為窮神的存在就是這種靈魂的一種。

至於這種窮神的真面目，說穿了都是生前自己經營事業，結果公司破產，最後上吊自殺，甚或一家離散，人生陷入苦境，臨終悲慘的人。

這些人都會化身為窮神。

一旦被窮神附身，被依附的公司就會崩毀。也就是說，如果窮神纏上了生前認識的熟人，這個人的公司就會跟窮神的公司一樣崩散。這種模式是經常可見的。

就像這樣，有時候窮神會循著熟人的脈絡去依附宿主，也有時候窮神會因為和某個地方有因緣關係，進而造成「在那個地方創業就一定會失敗」、「租那個房子做買賣絕對破產」的情形。

也有時候會出現「連續幾代創業總是不成功，開工廠的結果是破產，開店也倒店」的狀況。或許這聽起來好像在講風水，但在現實當中，的確存在著窮神成為了地縛靈的地方，這得必須要留意。

人都喜歡接近「自己尊敬的人」

那麼，該採取何種對策來面對窮神呢？

基本上，窮神的依附行為是基於我教導各位的「心的法則」。靈界的靈魂和世間的人之間，基於「波長同通的法則」而連結在一起。因為同類相吸的原理，如果世間之人抱持著召喚窮神上門的心靈波長的話，靈界的靈魂就會有所感應而上門。

但是，如果是「事實上我是有錢，但是我太愛窮神了，我要強行召喚窮神上門」的話，那就另當別論了。如果有人每天祈願「窮神啊！來吧！窮神啊！來吧！」窮神一定就會上門。

如果是自己刻意召喚窮神，那就無話可說了，然而，這種奇怪的人是另當別論，但大部分的人其實是在不知不覺中和窮神互通的。

在不知不覺當中和窮神互通，箇中緣由來自何處？原因之一在於自己長大成人之前的家庭環境。

很多人在小時候，父母都為了家中經濟而苦。在日本，有很多人在戰後破產或失業，有很多父母親在經濟上處於困頓狀態。但是，當父母親對孩子訴說這些事情時，恐怕都會將辛苦的過程美化成一種美談。

於是，「公司破產了好幾次，爸爸跟媽媽都很辛苦。如果不辛苦，人生就活不下去了」的想法，在孩子二十歲之前，就深深地烙印在腦海裡，如此一來，越是尊敬父母親的孩子，就越有做出和父母親同樣事情的傾向。

孩子總是會在無意識當中模仿父母親。貧窮的經驗固然寶貴，但是如果過度將之美化，灌輸給孩子的話，孩子就會重覆做出同樣的事情。

對此各位必須有所留意。

這是在無意識當中召喚窮神上門的例子，然而，此人長大成人之後的心理狀態、心靈的狀況當然也是原因所在。

我在政治上對左翼思想採批判的態度。我在過去曾降下馬克斯的靈言（參考《馬克斯．毛澤東的靈言》第一章，幸福科學出版），但是馬克斯這個相當於左翼思想教祖的人、相當於共產主義開山始祖的人，在地獄的無意識界已經沉睡了一百多年了，所以如果人們學習他的思想，就一定會和他走上同樣的方向。

「該尊敬、學習什麼樣的人」是一件非常重要的事。

在孩童時期所看到的都是父母的所作所為，所以會強烈地受到他們的影響，然而，在某個時間點去除那般影響。

如果是好的父母，則可以尊敬、模仿他們。但是，父母親有值得尊敬的地方，但是也有不可尊敬的部分。當發現到父母親有不值得尊敬之處時，就不能再針對那一部分抱持著尊敬的心態，繼而應該將值得你尊敬的人，取代那個部分，並且告訴自己「要成為那樣的人」。

世間有很多經濟上有所成就，為世人竭心盡力的人。從這種人當中找到與自己頻率相合的人，並予以尊敬，持續告訴自己「我想成為這樣的人」，漸漸地，你跟對方的波長就會相符，變得越來越像對方。

人都喜歡接近自己尊敬的人，會為自己尊敬的人所吸引，所以，尊敬成功的人是很重要的事情。

孩童時期父母親影響非常強烈，這也是無可避免的事，然而，一旦長大成人，就必須要脫離父母親的影響。

舉例來說，不能到了三十歲還以「因為我的父母親在過去就是這樣」為理由，將自己重蹈父母親的失敗覆轍一事合理化。這是一種回避責任的說法，到了三十歲，一切責任都在自己，不是父母親的責任。過了三十歲，「在經濟上的觀點、事業觀、工作觀，或者社會觀、政治觀方面該支持哪些事情？」這些都變成了自己的責任。

肯定「創造財富」，勤勉努力

同樣的道理，也適用於現今（二〇一一年）的日本民主黨政權，其基本上的問題是「同情弱者」，這件事情本身並無大過。對弱者保有同情的心態是可以的。

然而，如果社會是朝著讓每個人都變得貧窮、變得虛弱的方向發展的話，其結果會將整個國家給拖垮。如此一來，連弱者都拯救不了，社會將失去救助弱者的力量。

如果塑造出「憎恨、嫉妒勤勉工作、努力下工夫創造巨大財富的人們，或者成功經營公司的人們」的文化，人們就會因為厭惡遭到其他人的嫉妒或憎恨，而開始刻意避免獲得財富或成功。這些人會產生「如果跟其他人一樣，就可以不用招來這些莫名罪名」的想法，進而將經濟活動的層級往下拉。

結果，整個社會就平準化、標準化到低層級了。當「上層」放棄努力，將水準往下拉時，「下層」的人也本來就在下層，於是就再也沒有人可以救助弱者了。

國家的財政赤字就是因為這個理由而發生的。雖然徵收了稅金，卻因為運用方法失當，使得國家富裕不起來。因為不懂如何運用稅金使國家變得富有，所以才會出現財政赤字。

公司也是同樣的道理，社長一個人就可以創造出赤字。

從結果來說，如果沒有肯定勤勉、創造財富思想的話，終究是無法變得富裕的，請不要弄錯這個觀念。

古老的宗教多半對財富有負面的批判，佛教也不例外，佛教或基督教有很多這方面的教義。

然而，在那些教祖出生的時代，貨幣經濟既沒有那麼發達，傳統的教團也多半都是貧窮的，如果把當時的教義原封不動地搬過來使用，那就不符現代的資本主義世界了。

也因此，古老宗教多半將「財富是一種罪惡」視為理由，這一點各位務必要知道。

三、何謂財富的本質？

是否有利於眾人？獲得眾人的感謝？

財富的本質是什麼？一言以蔽之，就是「有利於眾人」。這是很重要的事情，所以我要一再強調。財富的本質在於「是否對眾人有助益」？

所謂的「對眾人有助益」，簡單來說就是「獲得眾人的感謝」。要言之，如果有人表示感謝「拜你的公司所做的工作之賜，我獲得這麼大的幫助。真是方便了許多。謝謝」，那麼，這間公司就會賺到錢。

舉例來說，宅急便的業務剛開始發展時，必須和國家的郵政總局（現在的總務局）及運輸總局（現在的國土交通局）等當時的公家機關所制定的法條對抗，甚至得面臨官司纏訟。

然而，由於宅急便的出現，幾乎任何包裹都可以在二十四小時之內送達日本國內各地，增加了不少的方便。這是值得感謝的吧？

當時的郵局在星期假日是不配送包裹的，一年當中有超過一百天以上都是「休假日」，所以，包裹往往遲遲無法及時送達。

此外，拿著包裹到郵局去寄送時，有時候還會被以「不符合規定的包裝」為由而拒收。這時候，就得回家重新打包。我也有過這種體驗，說起來我是郵局的客戶，竟然受到這種待遇，著實讓人光火。

郵局會要求「包裹的最大尺寸長是多少，寬是多少，高是多少」，但是，到郵局寄送之前，誰會曉得這種事？於是我們只得摸著鼻子「是嗎？這種尺寸不合規定嗎？」，然後把包裹帶回家，重新再包裝一次，這實在是一件令人討厭的事。

如果能去除這種僵化的作法，提供像宅急便公司一樣「任何尺寸都可以，我們會到府上取貨運送。二十四小時以內就可以送達」的服務，那才叫窩心。

所以，宅急便公司能夠賺錢是理所當然的。如果出現了提供同樣服務的同業，當

然是服務較好的一方會賺錢了。

總而言之，所謂的財富的本質就是「對更多的人有幫助」。換言之就是「受到更多的人尊敬，或者得到更多人的感謝，這就是財富的本質」。

如果說「從事獲得眾人感謝的工作」是財富的本質的話，那麼說「財富是一種罪惡！說『變得富裕』是惡魔的呢喃」不就顯得很奇怪嗎？從事獲得他人感謝的工作不會是壞事。

過去宗教的教義，經常會否定財富，那是因為時代背景與現代不同。現今，只要從事對世人有幫助的工作，就會獲得感謝，也會賺到錢。

因此，「完全賺不到錢」、「錢進不來」、「營業額沒有增加」，就代表「對世人沒有多大的貢獻」。

那就意味著「人們沒有那麼心存感激，對人們沒有什麼助益」。如果對人們沒有什麼幫助，就算大大地寫著「回饋價」幾個字也是於事無補。

要言之，如果做的是對人們沒有幫助的工作，收入就不會增加。而當經營狀況惡化時，公司就勢必得「瘦身」，員工們會成為裁員的對象，或者被解雇。

某大型航空公司所做的讓顧客反感之事

以前我也提到過，日本某大型航空公司採行了以下的措施。說是「某」，其實日本也只有兩家大型航空公司，所以也許讀者一看，就知道我說的是哪一家公司，就是幾年前曾經接受政府財務支援的公司。

我在日本國內巡錫時，經常搭乘該大型航空公司的班機，該公司有個內部規定是「每組旅客最多只能四個人進入貴賓室」。

有一次，我們一行五個人使用了該貴賓室，幾天之後，該公司的營業部打電話到本會來說「我們規定最多只能四個人使用，幸福科學一行卻來了五個人。這是違反規定的」。

可是，仔細想想，這不是很奇怪嗎？五個客人上門，應該比四個客人更好才對，因為公司會賺到比較多的錢。從這個觀點來看，來再多的人應該都歡迎才是。

說「最多只能四個人使用」是規定，可是旅行又不是打麻將。打麻將只能有四個人。一張中華料理的餐桌也是以四個人為單位。可是，以航空公司的營業性質來看，其實也不用像打麻將一樣，以四個人為一個單位來考量，五個人應該也是可以的。

針對這一件事，我曾經在某次說法中提到過一次，過了一陣子，那間貴賓室開始多擺出一張椅子。該公司適時地掌握情報，立刻改變應對措施，在這方面可以說是「了不起」的作法。

然而，在那之前，他們卻堅持以四人為一組的「麻將體制」。

但是，在旅行時，是不可能有「絕對要四個人一起行動」這種事的。一起移動的人數因人而異，有時候比四個人多，有時候又不及四個人。

以我們的狀況來說，因為對方認為「此舉違反規定，所以必須請一位客人到房間外面等候」，所以，一直到他們開始多拿一張椅子出來之前，我的一個秘書都必須站在貴賓室外面，直到到了登機時間時，才可以一起會合。

要是貴賓室客滿的話，我也沒有理由抱怨什麼，但是房間裡面說起來是空蕩蕩的。整個房間明明有充足的空間，可是卻不知變通地堅持「不接受四人以上的旅客」的規定。

這家公司的營運創下了巨額的赤字，卻從政府那邊得到了以兆為單位的財務支援，說起來是很奇怪的事情。

是他們的想法招惹了顧客的不悅。「因為顧客來了太多，我們要抗議、抱怨」這種說法實在太失禮了。本來我是不想再搭乘他們的飛機的，無奈航空公司的選項太少，沒有選擇的餘地，只好將就著使用。

現在我們五個人都可以安穩地坐在貴賓室裡，可見他們確實是針對我的說法內容掌握了情報，這一點是值得誇讚的，然而，很讓人驚訝的是，大公司卻經常做出這樣的事來，這種事應該是不會發生在民營企業的。

此外，在銀行業界，長期都持續存在著以下這種事情。

在目前日本的財務局的前身大藏局的時代，銀行提供的服務內容是由大藏局全權決定的，主事者立下了各種規定，譬如「送給顧客當贈品的火柴盒只能有這種大小尺

寸」、「可以提供日本茶給顧客，但是禁止提供咖啡」等。

可是，這種事情不該是由政府機關決定的。只要銀行方面根據和對方的交易額度來決定提供咖啡還是紅茶，亦或是日本茶就好了。如果是大客戶，就提供完整的服務，一般客戶就提供相對的禮遇就可以了。有時候，提供一杯水也就夠了。

當時，政府機關甚至主宰著「附送面紙與否」的決定權，然而，這也不是公務員該決定的事情。因為公務員拘泥於這種事，而延遲了經濟的發展是常有的事。

這當中存在著許多不贊成增加財富的發想、抗拒增加財富的想法，對此必須要格外注意。對於財富，各位必須要保有親和性才對。

不否定財富，將聚集得來的金錢用在好事上

針對財富進行思考時，我們根據的原點何在？關於這一點我反覆說過很多次，那就是要對有助於眾人，換言之，要得到眾人的感謝；這就是財富的泉源。

從佛法真理的觀點來看，這是完全正確的事情。如果有利於大眾，獲得感謝，因

而增加收入的話，是沒有什麼話好說的。

只要把增加的收入，用在做好事上面就好了。「購買成千上萬的機關槍，用來支援游擊部隊」、「用得來的錢購買百把機關槍，分發給流氓集團，以發動恐怖活動」等是錯誤的想法；但是，將得到錢用在好事，而不是用在犯罪上，那並不是壞事。

本會曾在幾年前說過，要「建立兩百座支部精舍」，二〇一〇年的夏天，就全部興建完成了。除了支部精舍之外的正心館和各種設施，也超過百座。能夠留下有形的東西，畢竟是一件高興的事。

本會的支部精舍是各地區的燈塔，是一道光明。把錢用在興建支部精舍，就是好的用錢方式。有了支部精舍，就可以長期地向附近的人們傳道，成為一股讓人們聚集在一起的力量。

因此，如果是個人，就努力增加收入，如果是公司，就大力創造利潤，然後將金錢用在好事上，這是一種善。

所以，請千萬不要否定財富。

四、抱持開朗積極且正面的想法

結合學習和賺錢的「二宮尊德的精神」

不管首相說什麼，如果認為「他在聆聽窮神的呢喃」，就不可以把首相的話聽進去了。

尤其是現在從事教育事業的人，很多人也被窮神所附身，所以受教於這些人，受教者也會跟著變貧窮。那些人們拼命地在傳授這種錯誤的教育。

讓孩子們學習企業家的精神是非常重要的事。但是，當老師們都學會「窮神教育」的時候，追隨這些老師的人們，也變得貧窮的可能性就變得非常高了，這是不行的。

現在，幸福實現黨頒布了一尊手上拿著我出版的著作『幸福實現黨宣言』（幸福科學出版）的「二宮尊德」的小型雕像。以前幾乎所有的日本小學都立有二宮尊德像，我以前就讀的小學也有。

二宮尊德這個人，其實就是擁有和所謂的日本教職員工會教育對抗的特質的人。他是資本主義的化身，主張「拼命學習，之後就會賺到錢，事業也會成功」的想法，是一個將學習和賺錢這兩件事串連在一起的人。

對今後的學校教育而言，二宮尊德精神是非常重要的。

如果能讓孩子們努力學習，保有事業會成功的想法，那麼學校就真正提供了很大的貢獻，所以我認為政府把稅金投資在與學校相關的領域實在是一件好事。

但是，如果把稅金投注在學校，孩子們拼命地接受教育，其結果卻是變得貧窮，或者經營付不起稅金的公司，或瀕臨破產的公司的話，那就沒有任何意義了。如果學校大量教育出這樣的人就傷腦筋了。

學生一旦被灌輸出人頭地或增加收入或財產，是一種「惡」的觀念的話，就無法變得富裕。又或者，萬一孩子被灌輸成為社長或大企業家、資本家是「不好」的事的話，又有誰會想成為那樣的人呢？

如果有人說「成為老闆會下地獄」的話，那麼此人就不會想當老闆，進而只會想「請讓我當一個平凡的職員就好」。如果有人告訴說「平凡的職員都會上天堂，老闆或幹部都會下地獄」的話，因為害怕下地獄，就沒有人會想要成為偉大的人了。

各位必須摒除這種想法，讓自己能為更多的人提供更多的助益。

就公司的觀點來看，公司需要的人材，是能夠雇用更多的員工，付給這些人薪水，讓更多的人創造其人生的價值。

如果有人能在公司當中，讓其他很多的員工覺得「真慶幸能在這間公司上班，讓我感到有工作和人生的價值。公司不斷發展，對世人有幫助，我覺得很喜悅，如此人生很有意義」，並且對公司心存感謝的話，那麼此人的地位就會逐漸提升，成為重要的幹部或社長；這是一件好事。

各位必須朝著這個方向前進，從學校教育的階段開始，就必須積極培養企業家的精神。

我並不反對政府撥放教育補助金，我認為這是件好事。但是，萬一教育的方向錯誤，這些錢就有可能浪費掉了，所以，我希望各位能改變想法。

如果能夠明確出「進行具創造性的教育、附加價值高的教育，以塑造出可以提供人們良好的服務，為世人帶來方便，為人們所感謝的工作的『優秀人材』」的方向，把稅金用在這方面的話，金錢就會變得有生命，成為活絡的投資。

可是，如果投再多的錢，最後都如石沉大海的話，那可真是浪費金錢了。

目前就整體來看，學校教育正處於讓人無法有所期待的狀態。

所以，幸福科學雖然是一個宗教，但我們即在實施所謂的社會人士教育。此外，還透過以小學生或國中生、高中生為對象的佛法真理塾「Success No.1」、完全中學的幸福科學學園來教育孩子們。

我們希望能夠塑造出，更多想要增加國家總體財富的人，或者是為了拯救世界上的窮人，而想要增加全世界財富的人。

真正能鼓勵人的「拿破崙．希爾（Napoleon Hill）的名言」

各位必須仔細思考我在前面提到的「波長同通的法則」，努力地抱持著窮神對自己敬而遠之的思考方式。

在抱持「如果擁有財富，就可以買到時間，也可以幫助許多人。以行善為目的的財富是好的事情」的想法時，也要擁有開朗積極、正向、建設性的思考方式。

對於不好的事，最好不要老是於心中牽掛。

各位不該像牛隻反芻食物一樣，長期為不好的事情憂煩。牛有四個胃袋。如果牧草等食物沒有通過四個胃袋，或許就很難消化，而人卻沒有辦法製造出四個「胃袋」，來反芻自己的失敗或悲慘的體驗等。

各位必須學習避免被不好的事情牽絆住。

不該在幾十年之間，不斷地、不斷地回想起不好的事或擔心的事、自己的失敗或悲傷的事，一直在反芻憂傷。

本會現在有著拿破崙．希爾（美國思想家）靈性指導的「趕走窮神祈願」。拿破崙．希爾生前的名言當中，有這麼一段話「連續失敗三次，也不停止挑戰的人有身為指導者的資格。連續失敗十次還不放棄，繼續努力的人有天才的素質」。

這段話著實激勵了許多人。

像發明家這樣的人，至少要失敗十次也不放棄才行。如果失敗三次就放棄，或者失敗一次就死心的話，當然就無法成為發明家了。

我相信企業家也是一樣的。他們一定也經歷過多次的失敗。但是，如果沒有反覆嘗試錯誤的話，就不可能成為企業家。

因為一次的失敗就完全被打倒，從此就動彈不得的話，那麼一切就到此為止了，而「失敗三次也不放棄的人，可以成為指導者。連續失敗十次還不放棄，繼續奮戰努力的人則具有天才的素質」，成為了拿破崙．希爾流傳後世的名言。

聽到這一席話，就可以體認到，幸福實現黨還不能放棄政治活動。在國家選舉當中經歷兩次的敗北，還不具有指導者的資格。如果再失敗一次，這才算是有指導者的資格，如果失敗十次，就會產生可望成為政治天才的可能性。但是，要失敗十次也是相當困難的事情吧？

我從年輕的時候就保有和拿破崙．希爾的名言同樣的想法，所以我完全不怕失敗。我把所有的事物都當成學習的機會，把所有的事情都當成踏板，當成是讓自己進一步發展的機會，或者是用來做為發展的創意，這就是我想過的人生。

到目前為止，我獲得了許多方面的成功，所以我有「稍微失敗的權利」。本會的所有信徒也都一樣。

現今有很多不如人意的狀況，譬如「景氣差」、「工作不順利」、「人際關係受阻」等，但是只要秉持「連續失敗三次左右還能繼續努力的話，就有成為指導者的資格。連續失敗十次還能持續奮戰不懈的話，就有成為天才的可能性」的想法，心中就可以保有游刃有餘的空間。

請各位一定要越挫越勇，保持堅強。同時還要培養從逆境中反彈，從逆境中再站起來的力量。這是非常重要的事情，在現在這個艱困，氣流紊亂的時代裡，這種思考觀點特別重要。

第三章 Chapter 3 繁榮思考

一、靠著「繁榮思考」粉碎窮神

只要「靈性的自我」超過五成，人生就會改變

本章將以「繁榮思考」為主題來陳述。

縱觀目前的日本及世界各國的狀況，讓人不禁要思索，這「繁榮思考」不正是人們所需要的嗎？我認為包括日本在內，造成整個地球不幸的思想目前有日漸抬頭之勢，所以我強烈地感覺到「必須以思想戰來對抗」。

要言之，我想以「繁榮思考」來對抗「窮神思想」。

世人似乎都太小看「心的力量」。多半都只以「心情的問題」或者「微不足道的

情緒問題」的程度來思考。

但是，抱持著這種想法時，就代表這個人還屬於世間之人。也就是說，把自己定位為「存活在世間三次元世界、物質世界當中的肉體之人」的認知比例超過百分之七、八十以上。這種人就算擁有信仰，對於「靈性的自己」很可能只有百分之十或百分之二十，或者百分之三十的理解。

對於「靈性的自己」的認知比例一旦超過百分之五十，人生就會開始改變，身邊也會發生和現在不一樣的現象，那意味著此人的世界觀有所改變。

超越我的預期，蓬勃發展的幸福科學

回顧幸福科學立宗（一九八六年）之後，二十五年來，我發現，我內心所想的事情都如實地實現。從某方面來說，我經歷了「超越表面意識所想的事情在現實生活中發生」的經驗。

在現實生活中發生的事，超越了當時表面意識所想到的事，也就是凌駕了我出生之後接受的教育或經驗，以及在工作上得到的知識或經驗等用來做為判斷根據的事物，甚至更超越了我的預期。

但是，我覺得那並非偶然。因為這種重大的未來願景，都是我從初期就在演講的內容中陳述過的事情。要言之，就是「具體實現需要花費一段時間」。

二十五年前立宗之初，我是從一間只有三坪大的辦公室開始的。所以如果當時像現在這樣，有人問我「你相信幸福科學會成為一個，信徒遍佈全世界超過九十個國家的團體嗎？」，我想我是答不出來的。

或許是因為當時還不能十分確信，將來可以舉行大規模的演講會，或者在各地建蓋正心館或支部精舍，或者設立學校法人、成立政黨、以英文演講，在世界各地傳道等。但是我在過去多次講演中，確實都曾提過未來要進行這些事，然而當時我自己還沒能有十足的確認。

人所具備的能力超乎自己的想像

我深刻地感受到，人其實是具備有超乎自己想像的能力。

而抑制這種能力的發展，應該就是長期生活在這世間，四周所烙印在各位腦海中的「不可能思考」使然。也就是說，各位被教導「這種事情做了也是白做」、「太勉強了」、「人的能力是有極限」等類似「限定思考」的東西，而且各位也習慣了這一切，其結果，如此想法就漸漸地烙印在各位心中，進而變成了「渺小的自己」。

有時候，是親子教育讓各位變成如此的；有時候，是因為學校的老師如此教導各位的。有時候出社會之後，朋友或公司的同事、上司也會這樣告訴各位，使得各位產生了如此認知。尤其在日本，向來有「槍打出頭鳥」的風潮，整個氛圍有著讓人無法做大格局思考的傾向。

就像「泡沫」這個名詞一樣，人們往往認為擁有大格局的想法，是某種異常的事情，是太過狂妄自大，與自己的身份不符的事情。

但是，就我所見，成功的人們都具有「我該怎麼做才能把自己做大」的想法，而且深信「我做得到」。我認為只有這種人，才能在現實生活中體現成功。

以我個人來說，我不否認，今世由於受到後天教育的影響，一開始，我花了一點時間去習慣這種靈性的思考，我需要一段助跑的時間，但其結果「靈性的自己」的一方獲得了勝利。要言之，當活於靈性的時間，開始比活於世間的時間還要長的時候，靈性的自己就會開始漸漸地變成真正的自己。

一九八七年三月，我在牛込（ㄖㄨˋ）公會堂舉行的第一次演講活動中，講述了法話「幸福的原理」。那一次的演講會大約來了四百人左右，是一個下雪的日子，當時我提到了愛、知、反省、發展的「四正道」。

老實說，雖然講題訂為「幸福的原理」，但在講演之前我並沒有思索要講什麼內容，就這樣我就登上了講臺。並且，從那之後的二十五年至今的每一場講演，我沒有一次曾事前思索要講什麼內容。

然而，基本上，我在第一次的演講會中所說的內容，日後成為了幸福科學的大致輪廓。就這一層意義來看，我的法話「是我所說的，亦非我所說的」。換言之，那是天上界的偉大力量，讓我成就了如此工作。這種情形也經常發生在過去的宗教上，但是，很明確的，在格局上我是比這些宗教更大的。

過去在傳道之際，難免會遇到言語上的障礙，也有交通工具上的障礙，甚至也有情報通訊上的障礙。也因此，沒能成就多大的工作，要花上幾百年的時間教義才得以宣揚。然而，現在各方面都變得非常便利了，傳道的工作變得輕鬆許多。我認為這意味著，偉大的工作得以成就的時期到來了。

體現真正的「信仰的力量」

但是，也有若干不甚完備的地方。那就是「許多人還沒有真實體會真正的『信仰的力量』」。

舉例來說，有相當多的人因為世間的某些理由而自我設限，認為「不可能」；也有不少人在出現某種障礙，或者遭到抵抗時就產生挫折感，再也無法重新振作。

但是，到目前為止，我一直從各種方面來論述，包括「常勝思考」，還有「不畏苦難困難，放大格局的作戰方式」，並且我自己亦是如此實踐過來了。

附帶一提，我所出版發行的著作已經超過八百本了（二〇一一年底），但在一九八〇年代，在神田的書店街一帶就已經流傳著「聽說這個作者一生打算出版一千本書」的傳聞。當時剛好是開始每個星期出版一本靈言集的時候，我還記得隱約聽到有人表示「看這個態勢，也許真的能出到一千本書」。

之後在一九九一年，本會取得了宗教法人資格，在東京大巨蛋舉辦大型演講會，其結果，本會開始接受來自媒體的「洗禮」，或者是說「祝福的叱責」。

當時，評論本會的媒體人表示：「要批判幸福科學就要先看完一百五十本書，誰受得了？」。我還記得有人寫出這樣的評論內容：「為了寫評論，桌上堆了一百五十本之多的書，看完之後，內容漸漸地就深入腦海當中，差一點就變成了該會的信徒，太危險了。還好，書籍的內容都很『易嚼』，屬於再多『都吃得下』的書，總算是全部看完了」。

可是，之後，我不再走「易嚼」的風格，開始跨越各種不同的領域，出版一些內容相當艱澀的書籍，針對各方面陳述意見。我想，從某種意義來說，那大概是代表我本身「成長」了。

一九八六年立宗五年之後，本會剛取得宗教法人資格的時候，「真正地對整個日本負起責任」的心態還不是十分成熟。

我記得當時十分欣喜於「我們的團體成了合法的宗教法人」一事，「想讓世人都知道這個好消息」的心情凌駕責任感之上，然而現在，我真的感受到了對這個國家和世界所該負的責任。而且，基於這種責任感，「想辦法將日本和世界帶往好的方向」的心情開始強烈地湧上心頭。

二、全世界開始追求幸福科學

「對宗教沒有偏見」的世界各國

二〇一一年夏天，本會在非洲的烏干達也建蓋了大型的支部精舍。目前非洲的信徒人數剛好超過二萬人（二〇一一年底）。我本身還沒有到過非洲，但是本會的傳道工作已經進展到這種程度了。此外，印度的信眾人數，也已經遠遠突破了十萬人，目前正持續增加當中，目標是達到百萬人。目前本會的教義就以此猛烈的態勢在海外拓展當中，活躍的狀況跟日本有點不同。

最先在烏干達傳道的是一對日本的外交官夫妻。尤其是夫人更是熱心傳道，她分送了英語版的教義小冊子給民眾，募集到了一百名左右的信徒。我還記得，我是透過教團對內的影像看到她佈道時的樣子。

然而，當信眾增加到百人或兩百人左右時，或許是太過活躍的傳道活動引起有心

人的忌憚，那對外交官夫妻被調派到其他的國家去了，然而，傳道的「基因」已經根深蒂固，目前，信徒的人數來到以萬為單位了。

此外，我在二〇一一年的九月份前往馬來西亞巡錫過，當地的信徒們靠著自己的努力，十年當中就建蓋起了支部精舍，實在是很不簡單。巴西的信徒們也靠著自己的力量建造了正心館。即便我沒有前往傳道，海外的信徒們也都靠著自己的力量，成功地完成了設施的建造。

這樣傳道活動，終於也擴展到日本全國了。

從某方面來說，本會行事用心至深，同時也因為在世間的發展方法，尚有未能具體而有效之處，所以，發展的腳步或許有點緩慢。

然而，當我開始到海外去傳道之後，我逐漸確信「這個教義真的具有普遍性。是可以適用於世界各地的教義」。

雖然思想信條不同、宗教不同、民族不同，我的教義卻可以通行無阻，這是一種難以言喻的感覺。不管對方是基督徒，還是天主教徒、伊斯蘭教徒、佛教徒都好，一樣都可以相通。

進行二〇一一年的「亞洲任務」（前往亞洲各地傳道）時，讓我深刻地體會到這個事實。我先到印度及尼泊爾這兩個釋迦活動的地區和誕生地（二月底～三月上旬），然後又到到天主教國家菲律賓，以及少數人信奉佛教和道教，卻有著強烈無神論精神的香港（五月）。然後再繞到特別沒有宗教色彩的人工國家新加坡，以及伊斯蘭教國家馬來西亞去（九月），最後造訪了小乘佛教（上座部佛教）之國的斯里蘭卡（十一月）。

不論到哪個國家，我所說的話都能直達聽眾的內心深處。從某方面來說，我有一種和這些海外信眾的心靈相通的程度超過日本的感覺。我想也許是因為他們對宗教沒有偏見的緣故。

他們沒有像日本人一樣，對宗教保持一定的距離，並且先抱持質疑態度的特性。他們認為「宗教是好的」。因此，對於幸福科學，他們也多半是抱著「究竟是什麼內容的宗教呢？」的關心態度來看待的。

我在立宗之初就說過「幸福科學的教義和所有的世界宗教相關，並沒有否定其他的宗教」，而這個觀點在經過二十五年之後的現在，正逐漸獲得實證當中。

本會在海外發展的速度及範圍，或許會比日本國內還要快而大得多。

拋開「緊縮式思考」，以更大的格局來思考

目前，由於本會正面臨必須將教義大力地宣揚到世界各地的時期，所以我認為在日本國內有進行革新的必要。

尤其是日本人素有島國的特性，往往以「緊縮式的思考」來發想「我們沒有什麼了不起」，情報方面的流通也只以非常小的格局來進行。

可是，亞洲、非洲各國和南美等國家都對日本有很高的評價。他們一直很專注地觀察著「日本是如何做的？日本是如何想的？」。

舉例來說，我在馬來西亞舉辦演講會的時候，甚至有人花了相當於兩個月薪水的費用，從伊朗搭飛機前來聽講。伊朗的物價和日本不一樣，收入也不同，而此人卻花

了兩個月份的薪水，千里迢迢跑到馬來西亞來聽我說法。現在，現實世界中就有這種事情發生，幸福科學的教義正逐漸在世界各地蔓延開來。

此外，在尼泊爾，每兩個國民當中，據說就有一個人知道「大川隆法」這個名字。雖然我只去過尼泊爾一次。而且，我是從印度的德里搭乘飛機前去說法，當天往返，連一晚都沒有停留。但是，透過民營電視臺和國營廣播電臺，我的講演在尼泊爾全國進行了實況轉播，各家的媒體也前來採訪，在尼泊爾國內掀起了一片熱潮。

而在新加坡，車廂外貼著我放大的臉部特寫的巴士四處飛馳。另一方面，在東京，因為法規限制非常嚴格，所以，這種廣告巴士似乎沒辦法上路。

本會目前在世界各地的活動，受到了如此熱烈的關注。我深深地感覺到，人們需要幸福科學的教義的程度遠超乎我們的想像。

舉個例子來說，持續了將近二十年內戰的非洲烏干達亦是如此，而讓人感到不可思議的是，連伊朗也認為「這種教義正是目前的伊朗所需要的」。馬來西亞和巴西也是一樣。

今後，我想美國或歐洲等先進國家也會開始需要如此教義。

三、逐漸成為「世界典範」的日本

日本的使命是提示「新典範」

我非常清楚現在歐洲和美國之所以感到痛苦的理由。

尤其是美國，該國想成為像日本一樣的國家，卻又因為無法如願而感到痛苦。也就是說，美國想要日本化，卻又沒辦法順利實現。不過說起來也是理所當然，兩者在文化上是不一樣的，美國是無法和日本一樣的。

發生在華爾街的抗議事件，也是在極力地訴求日本所說的「貧富差距」的問題，然而，他們好像還沒有完全了解到，事實上有些事情光是採取這種行動是無法解決的。

現今日本應該做的，並非是模仿某個國家。日本應該模仿的事情幾乎已經不存在了。

其他國家確實還是有一部分的東西，是比日本先進的。譬如，外太空的開發工作就是其中之一。有三、四個國家在這個領域是比日本還要進步。此外，在軍事技術方面比日本先進的國家或許也有一兩個。至於其他的部分，老實說，已經沒有任何國家足以做為日本的典範了。

反過來說，拼命地追趕日本，企圖超越日本的國家卻多不勝數。

日本現在已經來到了，必須創造出下一個「新的典範」的時代了。人們必須了解到這個事實。以前模仿他人是無妨，然而，現在光是模仿是不行的。必須不怕難為情，盡力展現一個「新的典範」。

距今三十年前，我在美國工作時，有人說「在美國發生過的事情，十年後將會在日本發生」。

因此，我認為「只要在美國學習，就可以成功」、「只要在日本進行過去在美國社會曾發生過的事，一切就能成功」。家電業界等業者就是如此，汽車產業也是一樣。

然而，現在已經不是這樣的時代了。日本必須樹立起新的典範來。

現在，歐洲各國集合起來所成立的歐盟，也面臨運作不順的窘境，以希臘為主的幾個國家眼看著就要拖垮整個歐盟了。德國想力挽狂瀾，卻是力有未逮。

但是，日本的經濟遠比歐盟的主要國家德國和法國，或者英國還要巨大。經濟體已變得如此巨大，日本人卻還沒有發現那般力量。

另外有人說「中國的GDP已經超越日本」，然而箇中的真正意義是「人口有日本十倍之多的國家終於趕上了日本。也就是說，他們來到了『十個中國人辛勤工作才能賺得一個日本人賺得的錢』的水準」。

因此，日本和中國之間的差距還有一大段距離。「每一個人有十倍的差距」是相當大的距離。各位從來就沒有想過自己從事的工作有那麼地了不起吧？大家都覺得自己只是很平凡地過著生活。儘管如此，日本人賺到的卻是中國人的十倍之多。

現在，日本應該成為世界的典範的時候到來了。

看得到幸福科學，就看得到「未來」

新的典範在哪裡呢？

客觀地看來，我堅信「未來就在幸福科學」。我要以充滿自信的口吻說「只要看幸福科學，就可以看到日本的未來。同時，也可以看到世界的未來」。

事實上，我非常明白世人有「我想學習幸福科學的教義」的心情。我的著作在中國也很暢銷，那是因為，只要看了我的著作，就可以看到未來，知道該怎麼做好。所以，我的作品目前在中國也被視為珍寶。

學習幸福科學教義的人，事實上正看著未來。看著現在正在創造「未來社會的理想形象」。我一直有個想法，那就是「想建立一個成為世界的典範，以宗教立國的國家」。

靈性的覺醒或自覺促進「世間的繁榮」

我要一再強調，想要信仰得以成立，就不能無視於「靈性的存在」。

當然，「世間的繁榮現象」會大量出現。事實上，如果沒有發生這種雙眼可見的現象，世人就不會了解宗教的重要性了。

然而，其根源畢竟還是屬於靈性。也就是說，我現在想要建立一種思想，那即是「靈性的覺醒和自覺將促進這個世間的繁榮」。

譬如，斯里蘭卡是個小乘佛教的國家，小乘佛教是模仿原始佛教而來的，現在仍然繼續存在。也因此，斯里蘭卡的極度貧窮狀況並沒有改善，內戰也遲遲無法結束。

這是因為小乘佛教的教義當中欠缺「發展」的思想。

為了彌補這個缺失，這一次，我提出了「愛、知、反省、發展」之四正道做為幸福的原理，當中加入了「發展」的教義。除非加入這個要素，否則就永遠無法成為未來型的宗教。我認為，對於小乘佛教的國家而言，必須要讓他們理解這部分的教義。

以前的宗教沒有針對經濟原理陳述理論，那是因為在其講述教義的時代，經濟原理並沒有十分發達。就僅是如此單純的理由。

因此，在經過二千多年之後的現代，新的原理是必須要大力宣揚的。

四、保有高層次的「大格局思考方式」

繁榮的原點當然是回歸到每個人的身上。特別是，我希望各位的思考方式能夠再放大格局。

身為個人，最低限度也要「放大一個格局」。意思就是說「不只是個人的思考方式，生活狀態、讀書的內容、工作的內容、包括公司在內的人際關係等各種事物都要做轉換」。

請各位務必要了解「隨著你個人的格局變大，各種事物必然地也會產生變化」。

在發生變化的時候，或許會伴隨著某種痛楚或悲傷。

譬如，你在公司上班，等有一天，你的工作表現變得非常優秀時，漸漸地就會覺得在那家公司待不住了。事情總會變成這樣的，這是理所當然的事，然而，你究竟能否忍受那般狀態？

當然有時候公司方面會讓步，給你符合你能力的工作，有時候會改變你的職位。然而，有時候你實在再也待不下去了。此時，你可能會轉換到其他公司，或者自行創業吧？

如此一來，在你四周的人際關係當然也會跟著改變。

之後，隨著你自己能認識到自己有多少的重要性，也就是藉由你自己的想法改變，你周遭的景色也會漸漸變化；這也是無可奈何的事。

當然，你看的書也會跟著不同，思想也會改變，行動也會改變，發言的內容也會變得不一樣。並且，世人對你的態度也會改變，收入也跟著不同。

要言之，只要自己的內在改變、想法改變，就會獲得相對應的收入和地位。世人其實是看得很清楚的，此人只會獲得與自己能力相符的收穫。

因此，各位不可太過執著於之前已經習慣的事物。針對各種事物的變化，請放寬心接受「事情就是這樣」，然後告訴自己「事情總是得要轉變的」。

我自己也是一樣。最近，我在說法時都會戴上戒指。十年前，我覺得這樣做很不好意思，遲遲不敢戴，但是現在已經可以淡然看待了。因為有「繁榮思考」的觀念，所以可以用平常心面對。

想法真的是會改變的。

五、克服危機，創造「未來社會」

日本應該提出符合國力的「下一步思考方式」

現在的日本一直處於「窮神政權」的狀態，如果再這樣持續下去，日本這個國家就會變得更加貧窮，所以我認為必須提出反向的思考方式才行。

日本其實有更大的機會。

明確地來說，現在全世界各國的狀況都不佳。不管是歐洲還是美國，還有其他的國家，大家在各方面的狀況都不好，連中國也處於泡沫崩壞的邊緣，經濟正逐漸沉沒當中。

因此，如果日本現在可以撐過去，度過震災的損傷，飛躍前進，日本就真的可以成為世界的領導者。

現在正是大好良機，緊縮政策是不對的。這是展現日本「雖然經歷了重大的震災，但是這個國家有著順利跨越難關的力量」的時候。核電廠的問題也一樣。這是「如何克服這個危機，建立未來社會」的大好時機。

今後日本將成為世界的典範，所以，其他的國家是何種情況已經跟日本沒有關係了。我們必須彰顯的是「這個日本該怎麼做」的典範。

不能只是回到過去，必須往前邁進。為了樹立典範，就需要有勇氣，並且可能伴隨有痛苦。但是，如果無法承受這些問題，那就什麼都不用說了。

以前，某個日本大報的社論就寫著「紐約華爾街的抗議活動控訴『百分之一的人賺大錢，剩下的百分之九十九的人卻一貧如洗，生活痛苦』。政府要仔細傾聽那百分之九十九的聲音」。

這就是所謂的馬克斯主義思想。看到這篇社論，我心想「這是幾十年前的社論嗎？」如果有這種舊式思考模式的媒體傾力支持政權的話，國家一定會一貧如洗。日本必須想辦法跳脫這種思考方式。

日本必須提出與現在的國力相符的「下一步思考方式」。那就是「日本培養出更巨大的力量，發揮領導力，帶領世界前進的時候到來了」。

現在不是鎖國的時候。日本必須成為世界的領導者；對此各位務必要理解。

中東的以色列和伊朗一直處於對立的局面，針對這個問題，美國採取的態度是拖拉不處理，使得阿拉伯諸國倍感困擾。他們強烈地表明「希望日本介入，想辦法解決」的態度。也就是說，他們覺得「只有日本能夠要求美國積極仲介。」

要言之，如果再這樣惡化下去，恐有發生戰爭之虞，唯一的方式就是日本說服美國，調停阿拉伯各國和以色列之間的關係，除此之外，別無他途。

事實上，只要美國總統一個人下判斷，就可以想辦法解決的，然而現在卻處於不知如何是好的局面。因此，他們才會有「希望日本提出意見，該怎麼做才好」的想法。都已經走到這個地步了，日本卻遲遲不表態，真是一個悲哀的國家。

事實上，日本的總理大臣於二〇一一年前往美國與美國總統會談時，也只花了短短的三十分鐘就被「莎喲那拉」，幾乎只是打個招呼就結束了。也許對方的想法是「民主黨執政以來，這已經是第三個首相了。反正你們也沒什麼內容，並且再不久就又會換首相吧！」

日本的總理不獲外國信賴，是一件非常悲哀的事情。至少應該選擇一個比較有一點自信，肚子裡面有點東西的人才是，而總理至少也要努力讓自己成為這種人，保有傾聽建言的度量。

創意思考，就會有許多「發想」出來

「該不該增稅」這個問題是日本目前面臨的最重大議題。

由於財政出現嚴重赤字，所以政府想增稅的理由當然是情有可原。

可是，既然是這樣，我們就想問「關東大震災之後，是否增稅了呢？」當時是否可以喊出「因為關東地區承受這麼大的痛苦，所以對全國人民增稅，以填補這個缺口」的口號呢？當然不可能。當國民受苦受難的時候，怎麼可能還增稅？

又或者，在二次大戰中，日本是敗北了，但是，當時是否為了戰後的重建工作而課重建稅呢？當然是不可能的。當人民「從一片廢墟當中努力重新站起來」的時候，政府是不可能增稅的。

這一次的情況也一樣。「為了災後的重建工作而增稅」，純粹只是拿震災做為藉口而已吧？如果此時做了錯誤的判斷，日本就真的會一敗塗地了。

聽說以前因為說出「日本也會變得跟希臘一樣」的不當話語，而慘遭砲轟的經濟白痴首相在福島發生核電意外時，每天都在想像東京毀滅、首都崩壞的事情。

面對這樣的人，我出版了一本叫「不可去四國巡禮」的書（《如果空海看到民主黨政權的所作所為的話，會說什麼呢？——禁止菅先生到四國巡禮之法》，幸福實現黨發行），不過，他在辭去首相一職之後，好像又開始從五十四號寺廟的延命寺開始巡禮了。空海也非常困擾，明明都說「我空海禁止你做四國的巡禮」了，有人卻不聽，硬是要去巡禮。

這個人在擔任首相時，每天都一直在想著首都崩毀的景象，如果一天到晚都在想這種事，日本怎麼可能會好？

相對的，即便在發生核電廠爆炸的意外時，我依然毫不動搖，首都是不可能會崩毀。因為我在東京活動，所以不會發生那種事。我抱持著「幸福科學今後將要成為世界的領導者，必須要拯救全人類，怎麼可能讓首都崩毀」的想法，不為事故所動。

震災之後，位於櫪木縣那須町的幸福科學學園的學生們，都投宿在東京正心館。這些學生當中所有的高一學生，都預定在三月下旬前往紐約和波士頓進行語學研修，但是因為擔心福島的核電廠意外造成的影響，所以比預定的時間提早到東京來。

我心想「既然都來了，就別放過機會」，我把他們找來，進行英語特訓。我告訴他們「這是一個好機會，在你們前往美國之前，我給大家進行英語會話特訓吧！」而且我還告訴他們「擔心日本也於事無補。你們待在日本也幫不上忙，所以，就請按照預定計畫到美國去。為了將來，你們必須去學習語文」。

我相信這個判斷是正確的。我的心志絲毫不為所動，一點也不擔心。

如果老是想負面的事情，對事情也沒有任何助益。以創意來思考事情，可以創造出許多發想。各位必須了解，任何事情都可以從根本重新來過。

透過大規模開發，留下「給未來的財產」

基本上，我認為「震災的重建工作應交由民間來主導」。這個時候應該發行六十年左右的建設國債，而不是增加國債赤字，以大力建造以前沒能建蓋起來的設施。

縱觀現在的亞洲各國，都市圈都相當地發達進步，很多地方甚至都比東京進步。

對日本來說，這是一種恥辱。現在正值日幣升值的時候，各位不妨偶爾到國外去看看，自然就會知道東京有多麼地寒酸。

也就是說，日本還有很多應該要做的事情。新加坡的雙子星大樓比六本木新城要有氣勢。各位千萬不可因為有六本木新城就沾沾自喜。我們必須建蓋出更氣派雄偉的設施才行。

那棟雙子星大樓，一邊是日本企業建造，另一邊則是由韓國企業建蓋的。「既然可以在外國蓋這種建築，為什麼不能在日本建蓋？」這真是一種恥辱。

東京的品川車站還只是二樓建築。這幾乎成了一個「笑柄」。京都或名古屋的車站上方都蓋有高層旅館，可是品川車站卻只能運用這麼可憐的資產，說起來實在是很可惜的事情。我要呼籲的是「好好地做該做的事」。

日本是擁有大量債權的債權國家，要把債權換成錢不是不可能的事情。日本還很禁得起投資的。

有債務的是政府，而人民是債權人，所以一點問題都沒有。有人說會「債留子孫」，這是錯誤的說法。為了把財產留給未來，為了把財產留給我們的子孫，現在就必須進行大規模的開發。大家要知道「現在大規模的開發是可行的，該是實際進行的時候」。

只要有幸福科學，繁榮是日本唯一的未來榮景

就算發生震災，我認為也不用為這種事情而感到恐懼。現在正是測試日本的能力的時候。規模九級的震災是不可能讓這個國家毀滅的。

日本反而應該要以此事為跳板，思考讓發展落後的東北地區進一步發展的方法。而且還要培養出如果今後還有其他的地區發生震災時，都可以立刻著手重建的能力。

看看神戶，一九九五年發生大震災的時候，有人認為「神戶就此毀了」，然而神戶現在卻顯得欣欣向榮。這就是日本的力量，我想要相信這股力量。

幸福科學這個宗教講述以支撐這種繁榮為主軸的教義。只要幸福科學繁榮、發展，而且規模繼續擴大，日本就一定會繁榮發展。

而且，我希望各位要有一個強烈的自覺「我們有成為世界領導者的義務」。這是我從創教之後經過二十五年多來的決心。

第四章

Chapter 4

靠近繁榮之神

一、廣島對日本造成的巨大影響

從廣島開始邁出第一步的支部巡錫

我從二〇〇七年二月二十六日，開始了日本國內的支部巡錫，而踏出的第一步即是廣島市。所以，我對廣島這塊土地有著很深的感慨。

一開始，教團內部對於總裁跑到支部精舍一事有反對的聲浪，持否定的看法，意見十分分岐。然而，雖然對我本身來說是一種相當大的體力負擔，一直到二〇一一年十月為止，長達四年多的時間，我持續到各支部巡錫。

這四年多當中，包括在支部以外的地方說法在內，我一共進行了六百多次的說法。著作也追加了幾百本，也增加了海外巡錫。

現在在海外，我的說法會場規模已經變得很大了。甚至曾在講壇的四周搭起帳蓬，在戶外進行說法。現在信徒已經多到幾乎沒有任何建築物可以容納聽眾了。

就結果來說，我的感覺是「這四年當中，教團該做的事情都已經完成了」。

而所有的工作是從廣島的第一步開始的。

「核能過敏」和「寬鬆教育」是「源自廣島的原罪」

我認為廣島對日本有兩個很重大的影響。

其中的一點是因為「受到原子彈的摧殘」，使得這個地方成了日本國內對核能產生過敏的震央。

說起來，二〇一一年的「三一一」（東日本大地震）海嘯災難所引起的福島核災等的核能症候群，也是因為當年受到原子彈傷害的意識，成了日本人的心靈創傷的緣故。

這是廣島給予整個日本的影響之一。

另一點就是所謂的「寬鬆教育」。從一九九〇年開始的「寬鬆教育」可以說是從廣島開始的。

我是四國出身的，德島縣一帶的學校校長，有很多都是廣島大學的畢業生，所以我本來以為廣島是個教育縣。

然而，在九〇年代前半，當時日本教育部的某位課長，前往廣島縣擔任教育委員會的教育長時，開始在廣島縣推行「寬鬆教育」。

這個教育方式推廣至全國，結果，使得日本的國際競爭力大幅下滑，造成了這十幾年來的腳步停滯。

之前的日本維持著接近世界最高的教育水準，然而自從實施寬鬆教育之後，各個科目的學力都大幅地滑落。

推行寬鬆教育的人們，沒能看清楚一個事實——「接受寬鬆教育的世代，從學校畢業進入企業開始工作之後，企業的戰鬥力就會整個下降」。

他們只想到「只要解決教育現場的問題就夠了」，說得明確一點，他們大概無法理解「提高教育的有效性，提升教育的水準就等於提高日本企業的水準，保住日本的國際競爭力」的道理吧？

他們關注的重點只是「教育的現場運作順利就好」。

我認為，這兩點正是廣島對整個日本造成的重大影響。

被丟下原子彈當然是被動的事情，並不是我們自己製造原子彈破壞廣島的街道，所以其責任絕對不在於我們。也因此，我認為「如何評價當時的原子彈」是個人的自由。

但是，如果那種思考方式過度流向反近代化、反現代化的方向，成為左翼思想的根源的話，這就是很傷腦筋的事情了。

此外，從某種層面來說，如果那種想法接近一種心態——「想把因為原子彈的傷害所造成的荒廢，擴散到整個日本」的話，要言之，如果對於原子彈造成傷害的怨恨之情尚未消失，進而演變成「想把人們拉往那個方向」的話，那就有問題了。

此外，在教育問題方面，對於校園霸凌、教室秩序崩壞的解決方法，如果是只要降低課業的水準，讓每個人都可以拿到滿分，問題就解決了」，那畢竟是太天真了。

這樣做的結果，會造成不得不去補習班惡補的孩子越來越多，但是因為孩子們在學校學到的基礎學力水準下降，所以就算上了補習班，也只造就出連補習班也跟著一起沉淪的狀況。

於是，孩子的負擔增加，每個家庭的家計負擔也增加，但日本的國際競爭力卻不升反降。

推動寬鬆教育的人，忘記了是「教育」締造了戰後日本的發展。這是絕對不可忘記的事，而且也不能忘記「在明治維新之後的日本，走向近代化的潮流當中，人們在由幕府末期開始推行的私塾教育中拼命學習，成了國家進步的原動力。因為有這樣的傳統，所以日本才得以避免像其他的亞洲國家一樣沉淪」。

從某方面來說，這兩件事應該說是「源自廣島的原罪」。既然如此，針對這些問題，我想還是應該從廣島開始重新修正會比較好。

日本和歐美列強不同，曾大力發展被殖民國

針對日本在以前的大戰中行為，有很多人主動懺悔、反省，我相信日本人也都有這樣的心情。

但是，事情都有功過兩面，在戰爭當中獲勝的國家未必就是對的。

我在亞洲巡錫的活動當中，走過亞洲各國，最近有很深的感觸。

在之前的大戰當中，日本大約有三百萬人死亡。開戰時，日本的人口大約是八千萬人。當中的三百萬人死亡了。

我到海外巡錫時，針對巡錫國做過調查，看過亞洲各國的歷史之後了解到，在幾百年之間，亞洲各國曾經為歐洲列強所支配，淪為殖民地。遭到日本支配的時間其實很短暫。

如果歐洲列強是為了讓亞洲的人們得到幸福而加以支配的話倒好，然而事實上，大部分的狀況都是「掠奪資源帶回母國，在歐洲消耗」。

此外，印度也被英國支配了大約一百五十年之久，期間，印度幾乎可以說完全沒有發展，其他的國家也一樣。被當成歐美圈的殖民地國家，幾乎都沒有任何發展。

日本或許也有些部分與歐美強國類似，但是，日本努力地對支配的國家進行基礎建設整備和教育，很多國家因而有長足的發展。

從反對陣營的角度看來，我這樣的論述也許只會被視為是推諉塞責的藉口，然而，「有些日本人認為也該讓其他亞洲人獲得幸福」，這是不爭的事實。

日本對臺灣也是抱持這種心態。日本在統治臺灣期間，曾經派遣新渡戶稻造，還有之後成為東京市長的後藤新平等一流的人才到臺灣。日本政府將頂尖的人才送到臺灣，幫助臺灣發展。

因此，我認為，日本和歐美列強是不一樣的。

我也曾到菲律賓說法過（二〇一一年五月二十一日），但是我完全感受不到菲律賓人對日本的怨念。我反而有「菲律賓人對日本抱持著尊敬的心態」的印象。

我甚至覺得日本在二次大戰中，雖然曾經在菲律賓境內打敗過美軍，之後卻吃了敗仗，其結果反而使得菲律賓的發展腳步變慢了。

針對日本在二次大戰中的行為，一昧地抱持「都是日本人的錯」的心態反省並不是好事；希望各位能了解這一點。

此外，也請各位要了解「在日本神道的眾神中，認真地考慮解放殖民地的問題的也大有人在」。

就這個角度來看，我們的祖先所做的事情，絕對沒有法西斯主義的色彩。我想強調的一點是「日本人和殘殺六百萬猶太人的納粹是不一樣的」。

但是，把原子彈投到日本的國家，到目前為止，或許依然把戰前的日本視為納粹的同夥人。然而，只要傾聽靈界的高級靈們的意見，就會明確地了解到「兩者是有不同之處的」，對此我要提醒各位。

敗戰國的領導高層有下地獄的人（希特勒），戰勝國的領導者也有下地獄的人（史達林）。日本雖然是敗戰國，然而當時的領導人昭和天皇死後回到高天原（編注：日本神明所住之地）卻也是事實。我相信，戰後日本皇室還健在，一定有其意義在。

戰前日本沒辦法發展到世界之冠，這是無可奈何的事情，然而，自從泡沫經濟崩壞之後，日本也依然沒能在沒有疆界的世界中成為領導者，這著實讓人感到遺憾。

我強烈地感覺到「日本應該更加努力，以期今後能成為世界之光，引領世人」。

二、去除否定性的用語和想法

習慣講悲觀話語的人不易成功

我想進一步重點陳述本章的主題「靠近繁榮之神」這個論點。

首先我要從個人的觀點切入，我可以斷言「習慣講否定或悲觀話語的人不容易成功」。

就像講口頭禪一樣，習慣動不動就提到自己的失敗或挫折、痛苦的經歷、對現狀的不平和不滿或牢騷等的人很難成功，因此也很難得到幸福，更無法享受到繁榮的好處。

希望各位要了解，這是一種法則。

至於為什麼會這樣？那是因為一再從自己口中說出來的話語，會再從自己耳朵進入，形成一種自我暗示。如果經常以這種方式朝著一定的方向下達命令時，在無意識當中，我們就會往那個方向行動。

這也稱之為潛在意識，如果有說悲觀話語的習慣，就等於一直對潛在意識下達這種命令，於是就會被不好的事情或否定性的事情所吸引，將己心帶往那個方向。

各位必須覺悟到這是一種法則。如果反覆出現這種負面（否定性的）的話語或想法時，就要想辦法將之消除。

人的心無法同時思考兩件完全不同的事情，所以各位必須仔細思考「選擇哪一個？」

譬如，請在心裡同時想著飛機和船。這是相當不容易的事情。若要求你「請同時想著搭乘飛機的你和搭著船的你」，也不是那麼容易就做得到的。總得選擇其中一種。

因此，「心裡想什麼」就是非常重要的事情了。

如果想著負面事物的期間太長，基本上，這是有著不幸傾向的人，在實際的生活當中，就會出現與負面色彩扯上關係的現象。

這是因為，此人就好像主動在追求不幸一樣。因此，身邊的人也會感覺到「難道此人希望得到這種待遇嗎？」

現在針對人的類型有各種說法，譬如「S」（施虐狂，Sadism 的頭一個字）或「M」（被虐狂，Masochist 的頭一個字）、「肉食系」、「草食系」等，而這些特質多多少少都有些吸引人的部分。

當一個人變得自虐，無可避免的，四周人就會有想要欺凌這個人的想法，所以，當事人就必須針對這個部分重新加以修正。

也就是說，因為此人看似主動追求「那樣的待遇」，所以四周的人們的行為很自然地就會朝著實現的方向發展，最終就招引了那樣的結果。

其他的人有人會對不懷好意靠過來的人嚴峻喝叱，也有人就是說不出口。有人會產生「此人好像希望別人對他講些難聽的話」的感覺，莫名地就想欺凌人。

有人遭到欺凌時會覺得「我果然被欺凌了，我是個沒用的人」，確認自己就是這樣的人之後反而「感到高興」，追根究底，原因就在自己的想法，這種人只是不知道如何控制自己的心而已，所以，請努力改變自己的心靈狀態。

切莫在意枝微末節，抓緊重要的樹幹部分

對此我絕對不是抱著說風涼話的心態，我自己在二十歲左右也有這種傾向。現在的我被稱為「地球之神」，有些話不好啟齒，但是，從某方面來說，十五歲之後到二十歲前後的我，有著近似「極端被虐狂」的精神傾向，有將小事情放大、悲觀解讀事情的傾向。

我想升學考試的影響也是原因之一吧？我嚴重地陷入減分主義的情境當中，一些細微的錯誤都會被我放大來看。

我覺得很多長期參加考試的人，或者本來是秀才的人，有著把「如果被這種事情給牽絆住根本就是個錯誤」之類的微不足道的事情，解讀成人生大事件的傾向。本來

事情根本就不到當成「生死大事」的大騷動來看待的程度，可是一般的考試秀才卻有這種強烈的傾向。

本會當中也有很多名校畢業的大學生，但是就我的觀察，「頭腦明明那麼聰明，工作效率卻不彰」，似乎有不少人動不動就去在意「枝微末節」。

也就是說，這些人極端地在意小錯誤，整個心思都放在上頭，以避免再出現這種錯誤，卻沒有把注意力放在重要的「樹幹」上。

一旦有這種傾向，就無法提升工作的成績。於是就變成「只在意小事，除非把小事做到完美，否則企劃內容就提升不起來，工作也做不完，導致遲遲沒有進展」的下場，工作效率變得非常地差。

這種人就如「帕雷托法則（Pareto 法則）」（也稱為二八定律）所說的，他們沒有「只要控制住兩成的重點部分，就可以控制整體的八成左右」的思考方式。這些人不懂「工作當中有兩成的部分是重要的，只要掌握這兩成，就可以涵蓋整體的八成左右」的道理。

譬如，一間擁有百家客戶的公司，事實上，支撐該公司營業額的百分之八十左右的，多半是這百家客戶當中的二十家左右。

因此，事實上只要明確地掌握這二十家客戶，其他所要付出的勞力就相當輕鬆了，但是，不懂得掌握工作訣竅的人，卻反過來拼了命地拜訪銷售成績不怎麼好的客戶，而把重要的客戶晾在一旁。

業績不佳的公司從高層到業務員都有這種傾向。

很出人意料之外的，有些考試方面表現傑出的秀才，沒有「掌握重點」的概念。各位對此得多注意一點才行，這種事是必須要學習的。

「雖然看似很籠統，但必須要重點掌握重要之處，如此能力是必須具備的」，這是學校老師不會傳授的。所以在工作的世界當中，必須做某種程度的指導。

我認為有必要言明在先，「工作上需要有這種大膽的氣魄」。

三、兩家航空公司在服務上的差異

真的站在「顧客的立場」思考嗎

在針對經營方面說法時，我一再強調，在工作時，「站在對方的立場來思考」、「以顧客的立場來思考」是很重要的事情。

這些事情學起來、聽起來都很簡單，但是真要做起來並不是那麼容易的事。運用豐富的想像力，站在顧客的立場來思考，說起來並不是每個人都做得到的。很多時候，我們面對顧客時都自認有這樣的心態，然而事實上，我們只是做自己想到的事情而已。

因此，最好不要把「站在顧客的立場來思考」這句話看得太簡單。

我們在心態上經常會有「為客人而做，工作時以客人為第一考量」的想法，事實上往往並非如此。

此外，也有很多人明明對同業的人或者同業的其他公司，所提供的服務不是十分清楚，卻大言不慚地說「我們公司是日本第一」，這種心態也得要小心為宜。

新加坡航空公司讓人驚訝的服務

我於二〇一一年九月前往新加坡和馬來西亞說法。我前往新加坡時搭乘的是新加坡航空公司。這家航空公司以服務佳聞名全世界。

也許各位也聽說過，機艙內是穿著民族服飾，身材勻稱且美麗的空中小姐（客艙服務人員）提供服務。她們的民族服飾是緊貼著身體的線條裁製的，所以大概只有苗條的人才能穿吧？

我搭乘的是上午從日本起飛，傍晚抵達新加坡的班機，飛行時間大約有七個小時，我訂的是等級比較高的座位，所以很難得地，我得以在飛機上睡個午覺。

座椅的設計不是那種乘客直接坐在上頭，將椅子打斜就可以睡覺的類型，而是必須請乘客先離開座位，將座位反過來，往旁邊伸展，變換成一百八十度的床鋪，讓乘客可以整個人躺在上面睡覺。

這是我第一次體驗這種座位，所以感到十分驚訝。將座位翻轉過來變成床鋪需要男性的力道，因此機上也有男性空服員，也由於座位變成了水平式的床鋪，使得我可以在機上睡個午覺，神清氣爽地抵達新加坡。

此外，在國外，從下飛機到領取行李多半都需要花上一個多小時的時間，然而我們一抵達新加坡，就有人把我們帶到特別的等候室，並被告知「請在這邊等候，直至行李送出來」。

在等待的時間中，服務人員還送上「下午茶組」，包括當地的紅茶和三層式裝有蛋糕和點心等的茶盤。

不久，拿到行李之後，我們便直接快速地搭上車，離開了機場。

這就是新加坡航空公司的服務。

日本某大型航空公司海外班機的體驗

之後，我從新加坡前往馬來西亞，結束說法之後，從馬來西亞回到日本，回程時搭乘的是之前提到的，瀕臨破產的日本某大型有名航空公司的班機。因為時間上的安排，我搭上了該公司的客機。

前面提到的新加坡航空的班機是上午出發，傍晚抵達的班次，因此無需在機上過夜，然而，回程時的班機是在當地時間晚上十一點左右離開馬來西亞，第二天早上抵達日本，有一個小時的時差。

這個班機的機身老舊的程度前所未見。基本上，機體都是租借來的，並不是航空公司本身的資產，我心想「這恐怕是是租借到廉價到不行的機體吧」？

該公司正在進行經營重整，也許是莫可奈何的狀況，然而，飛機不但是老舊到不行的機體，座位也緊到想移動都不好動，當時心想「有這麼緊的座位嗎」？除非使出蠻力，否則根本動不了座位，而且三個座位還可憐兮兮地擠在一起。

另外，睡覺時想要把座位打斜時，卻發現只能微微地傾斜一點，我滿腹疑問：「咦？就這樣？我必須以這種狀態睡一整夜嗎？」

此外，與我同行的本會宗務本部長的座位最靠近牆邊，他打算打斜座椅時，因為有牆壁擋著，根本就無法作用，事後他忿忿不平地抱怨「害我必須以『直立』的姿勢睡覺」。

這是重整中的某航空公司的班機。

搭乘該班機時，當地時間深夜十二點左右響起機內廣播「目前有颱風正逐漸接近日本。由西日本朝東京方面接近，黎明之際可能會出現顛簸狀況」。颱風確實接近了。但是，機內廣播接著說「因此，現在我們要為經濟艙的旅客分送早餐」。

半夜十二點分送早餐，要言之，公司的用意是「不早點配送，乘客就要睡覺了。到時候要叫起床就很麻煩了，所以趕快趁大家睡覺之前餵飽肚子」吧？

結果，經濟艙的客人在馬來西亞時間半夜十二點拿到了早餐，之後一直到抵達目的地為止，什麼餐點都沒再供應。

也許是基於「機身會因為颱風的影響而晃動」的理由，我們乘坐商務艙的乘客則是在馬來西亞時間凌晨四點，也就是日本時間五點左右拿到了早餐。我記得抵達的時間是日本時間七點左右，在那之前的兩小時供餐。

商務艙的旅客好歹是在睡上幾個小時之後，於著陸的兩個小時之前出餐，但是經濟艙的乘客則在睡覺之前就吃早餐了。

整體看來，該班機不但機體破舊，服務員的人數也明顯地減少了。因為同一批人要同時負責經濟艙和商務艙兩邊的客人，所以才刻意把服務的時間錯開來吧？目的是削減人員，減少人事開支。

我想這也許是他們的經營方針，該公司的經營高層可能認為「將營業額提高到最大，經費縮減到最小，就可以創造最多的利潤」，所以才會採行這種措施。

也就是說，感覺上該公司是租借了租金相當廉價的機體，將服務人員減至最低限度，撥的算盤是「降低對廉價等級的乘客的服務品質，如此一來，就可以減少需要的服務人數」。

不能陷入以自家公司為中心的思考邏輯和前例主義的窠臼

去回程我是搭乘這兩家航空公司的班機，我遭遇的是「去程舒適愉快，回程恐怖勞累」的狀況。

我在去程的班機上可以午睡，非常愉快，我覺得是一次「美好的旅行」，然而在回程的班機上，像我這麼好睡的人也頂多睡五分鐘就會醒來一次，也不知道睡睡醒醒多少次，真不知道合計下來有沒有睡到二十分鐘之久。明明是半夜，我卻只能睡這麼短暫的時間。情況非常糟糕。

兩者之間的差異是如此地明顯。有過一次這樣的經驗，只要在可能的範圍內，我當然想搭乘舒適一點的班機。

日本的航空公司目前正在重整當中，或許是有不得已的一面，但是，他們還是得知道「必須和其他公司競爭」。不注意一點的話，很可能就會陷入以自己的公司為中心的思考模式。

此外，在抵達日本之後，還發生以下這樣的事情。

當我拿著手提行李下到機場時，航空公司的工作人員就出面迎接我們，帶領我們前往等待室，這固然是很好的服務，然而我們卻必須以非常快的速度走上一公里以上的距離才能到達等待室。和我同行的秘書等人，因為沒能在機上有充分的睡眠，頭重腳輕、癱軟無力，然而該工作人員卻以飛快的速度往前走。

航空公司方面可能是以貴賓的規格來迎接我們，然而帶領客人走路的速度卻如此之快。我想那個人可能必須來回走上好幾趟，所以才加快了走路的速度，可是我們這些沒怎麼睡覺的人，卻得提著行李，搖搖晃晃地說「沒辦法走這麼快」。

這家公司的服務品質就是這樣。也許是有心提供良好的服務，然而，他們卻忘了一個重點「客人會拿來做比較」。

因為公司正在重整當中，批評得太嚴苛也許有點過分，但是就如我在本篇第二章中也提到過的，這家航空公司的貴賓室，針對一組客人只提供四張椅子，婉拒第五位客人，因此我們一行五個人，總得讓一個秘書站在房間外頭等候。

然而，我在某個地方說法時，指摘了如此做法時，該公司突然就開始多安排了一張椅子，好讓五個人都有椅子可坐。

我在國內各支部巡錫時，都有四個秘書一起行動，所以，如果受到「只限四人」的規範的話，就會多出一個人。一桌麻將要四個人才能打，基本上，中華料理的餐桌也是一桌四人，但是我不知道，連飛機的候機室也是一樣的模式。就算整個貴賓室裡空蕩蕩的，也因為「公司內部的規定」，拒絕讓我們五個人全部進去。

我覺得「都要破產的公司還敢說這種話，實在是個大問題」，於是我在說法時提出來舉例說明，結果對方就開始提供椅子了。兩者之間有什麼關聯呢？

「服務」這種東西說穿了是不容易的事。如果堅持按照傳統的方式進行，或者貫徹「一直都是這樣」的模式，就會陷入前例主義的窠臼，即便公司陷入危險的狀況，也無法快速地做改變。

四、莫抱持嫉妒心，「祝福的心」才是重要的

有些「正面的貧富差距」是透過競爭而產生的

在現今的自由主義世界當中，由於必須和同業競爭，所以，當然就會產生貧富落差。有時候客人會增加、利潤會增多，有時候客人會減少、營收變成赤字等狀況。

現在經常有人呼籲「反對貧富差距，差距是大問題」。但是，有貧富差距出現，不能說都是問題。有競爭之處就必然會產生出差距，然而，當中也有所謂的正面的差距。或許也有不好的差距，但終究還是有好的差距。

做同樣的事情，如果出現差距的話，我認為那種差距就是不好的；但是，所做的事情內容不同而產生差距時，那就是理所當然的事，這是附加價值的差異。我個人認為，企業因為努力或者個人透過努力而不斷發展、賺取利潤是好事。

譬如，對航空公司而言，如果能提供顧客舒適快意的旅行，那就是一個好工作，

這種公司的收入增加就不是壞事了。

這是必須注意的地方。

現在媒體總是說「全世界的經濟都不景氣」、「世界性的恐慌接近了」等，使盡全力吶喊著「狼來了」。

譬如，二〇一一年的秋天，美國紐約的華爾街發生反貧富差距的抗議遊行，有左派的報紙甚至見獵心喜地寫著「活動已經擴及全世界八十個以上的國家」。

可是，存在於這種抗議活動背後的思考邏輯是很危險的。「產生貧富差距是不對的」的想法是錯誤的。

提供給顧客的服務出現差異是好事，如果業者之間不競爭就不好了。站在提供了良好的服務而受益的一方的立場來看，美好的事物透過競爭而產生是很重要的事情。

因此，當公司眼看著就要輸給其他同業時，就要努力振奮，重新來過。在這方面，絕對不能搞錯思考方式。

如果「不管做什麼，結果都一樣」的話，那一切就都白費了。盡可能給予每個人公平地投入或參加的機會是很重要的，但是，如果不能接受某種程度的差異，也就是結果上的落差的話，就絕對無法創造繁榮的經濟。

無法認同選手間的差異，職棒就無法成立

從職棒的角度來思考就可以理解地更透徹。

譬如，如果規定「打擊率超過三成的打擊者要罰錢」的話，會變成什麼狀況？

在職棒界，「以三成打擊率或者以二成九坐收」之間的差異，對當事者的收入會造成相當大的差異。用來計算打擊率的零點一成或零點二成之間的差異，看似沒什麼大不了的，可是，事實上，「能不能創下三成的打擊率」其實是有著非常大的差異的。

此外，如果規定「打出二十支以上的全壘打的打擊者，每超出一支就要罰款一千萬日圓」的話，全壘打者哪受得了啊？

要打擊者不擊出全壘打是很簡單的事情，但是，要擊出全壘打可不是那麼容易的

事。想打出全壘打就立刻打出來，是很了不起的事情，需要付出相當的努力。

因此，如果要求所有人員往不好的方向，也就是往「向下仿效」的方向發展，以期修正彼此之間的差異的話，那就真的是本末倒置了。

如果開始對球員下達「一年當中不能打出五支以上的全壘打」、「打擊率不能超過三成以上」、「打擊率在兩成以下的打擊者恐有被解雇之虞，所以投手面對打擊率下降的打擊者時，要往好球帶的正中央投出慢速球以利打擊者打擊」的「行政指導」的話，職棒運動就無法成立了。

如果有這種情況發生，基本上，選手們會打不下去，而看比賽的觀眾也不會想花錢來看這種球賽了吧？

「鈴木一朗選手打出許多安打，經常上壘，獲得極高的收入」，這件事說起來就是貧富差距。然而這是因為他有著卓越的努力和才能，並且如果這樣可以取悅眾人的話，我們就必須肯定這樣的差距。

「如何運用賺來的錢」，這是鈴木一朗選手本身的問題。如果他把錢拿來賭搏，把錢花費在自甘墮落的事情上的話，他的人氣可能也會跟著下滑，而這也是他本人自作自受。

可是，他低調到甚至婉拒了榮譽國民獎，自律甚嚴，應該不是那麼容易就墮落的人。

關於貧富差距的問題，我們必須知道有所謂的「正面的差距」存在。要注意，切莫有「差距本身就是件壞事」的想法。

尤其是在把嫉妒心誤認為正義的風潮肆虐時，更需要做嚴格的檢視。有時候人們動不動就興起嫉妒心，形成一種「正義」，結果可能就造就出一個沒有任何人得到幸福的社會，請大家要了解這一點。

如果在營收上創造出黑字是一種「惡」的話，那麼，就會造就出全面呈現赤字的情況，如此一來，大家就都沒有繳付稅金的能力了。

我覺得這是一種危險的傾向。

要與嫉妒心對抗，就如我一再強調的，必須要有「祝福之心」。成功的人都是絞盡腦汁、流下汗水、下過苦工而努力不懈的人，所以，各位應該要祝福這種人，同時抱持「我也想仿效他」的心態。如此一來，就可以拉近與對方之間的距離。

若看到成功的人就立刻產生反彈或嫉妒心的話，就需學會克制自己這樣的情緒。

五、鍾愛「繁榮之神」，遠離窮神

不只「時間就是金錢」，「金錢就是時間」也是事實

我在年輕的時候，對以繁榮為目標的想法也抱持些許的反對態度。

宗教在原始教團的階段，也有很多人認為「金錢是邪惡的」的。宗教人士容易傾向於這種思考邏輯，易為清貧的思想所吸引。也就是說，他們的想法是「貧窮是正確

的，有錢才是錯誤的」。

然而，事實上，在事業上獲得成功是相當不容易的事情。如果沒有獲得許多人的支持，沒有許多人願意購買，或者沒有許多人願意接受服務的話，就無法轉換成收入。此外，如果發展事業的人墮落的話，客人也會流失。因此，現實是很嚴酷的；對此各位必須有所了解。

同時，時間的利用方式也很重要。班哲明·富蘭克林說過「時間就是金錢」，然而，「時間的利用方式會以金錢的模式表現出來」這也是事實。

對所有的人而言，時間都是一樣的。一天有二十四小時，而一般人的人生都不到百年。但是，「時間的利用方式不同，有人會變得富裕，也有的人不然」卻也是不爭的事實。簡單說來，人生會因為一天二十四小時的使用方式而不同。

反過來，也有句話說「金錢就是時間」。我在第一章中也論述過，我在年輕的時候就領悟到了這一點。箇中的意思是「有時候只要有錢，就可以買到時間」。

關於這一點，本會也實地體認過，所以非常了解。只要有錢，就可以興建精舍，也可以推廣海外的傳道活動，更可以興建學園。然而，如果只能慢慢地籌措資金的話，在推展這種活動時就要花費很多時間。

「金錢就是時間」也是事實。

我們無法得到「自己否定的事物」

金錢本身是中立的，關鍵在於「基於什麼樣的目的使用」。金錢最好還是不要讓壞人拿去使用，錢必須聚集在想做好事的人手上才行。

我盼望盡可能讓我覺得「可以改善世道」的企業賺大錢。我不會教導各位「如果賺了錢，你會下地獄」的觀念，希望各位能夠留意如此教義。

如果打心底否定財富的話，或許就不會成為一個成功的經營者了。你是無法得到自己否定的東西的。

若抗拒獲得財富，必且有著「那等於是一種榨取」的觀念的話，那就有問題了。

二〇一一年十月十四日，日本野田內閣的閣員等的資產被公開，明細刊登於隔天的報紙上，結果發現「野田首相從一九八九年，家人的財產也被列為檢視的對象之後，是就任首相時，財產最少的總理大臣」。

野田首相因為這種奇怪的理由而成為人氣第一名。「在千葉縣內擁有的土地和建物，加上二百數十萬日圓的定期存款，一共有一千七百數十萬日圓的資產，另一方面卻有房屋貸款等合計將近三千四百萬日圓的貸款」，加加減減之後，家計出現二千萬日圓左右的赤字。

這個家計構造和日本目前的財政構造極為相似，也許是他把家計和國家的財政狀態等同視之吧？身為松下幸之助的弟子，感覺上他似乎不太擅長賺錢。

我實在不想把運作國家的重要大事，交給一個在個人的財務上有過多貸款的人。我的想法是「如果可以的話，我想要一個懂得操作家計，至少讓自家的家計簿上出現黑字的人來帶領國家」。

但是，更重要的事情是國家的領導者的思想。

我覺得，如果國家的領導者有偏愛赤字的傾向，也就是保有「不賺錢才是善，有

赤字才是正確」的想法的話，那就有危險了。

如果國家的領導高層破壞了繁榮的思想的話，人民都會為窮神所糾纏。

美國的歐巴馬總統也有一點這種傾向，有著前首相菅直人的某些特質。

他畢業於哈佛大學，在芝加哥的貧民窟擔任義務辯護律師。這件事本身是根基於他的「思想信條的自由」的想法，倒也無所謂。

但是，哈佛大學出身的頂尖人材一般都是在華爾街工作，獲取高收入的，所以，我在想，他是不是對這種事情有不同的看法？

他拼命地攻擊這種高收入的人們，感覺上，這當中似乎摻雜有個人的想法在內。也許他曾經在某家公司面試時慘遭淘汰。

事實如何不得而知，但是看起來，他似乎是想把自己在經濟上的施政挫敗的部分轉移到那個方向去。「因為只有一部分的人們賺錢，所以其他的人們才會那麼貧窮」的說法，純粹只是主政者為了逃避被追究責任的便宜說詞，這是隱約可見的事實。

在不搶奪蘋果派的情況下「創造財富」

請各位要抱持著愛繁榮之神，勝過愛窮神的心態。

請秉持一個想法：「世界變得富裕是一件好事。因為富裕，才能幫助更多的人，也才能使世界往前進。太過熱愛貧窮的人增加了並不是好事。『一旦出現富裕的人，就要對他產生嫉妒心，以眾人之力將之擊潰』的社會是不對的」。

就算鈴木一朗選手年薪高達十億日圓，但「把他從球場上拖出來，眾人用球棒毆打攻擊他」的社會是絕對不值得鼓勵的。

我要說的是：「如果有人為自己的收入沒有比鈴木一朗選手多，而感到悔恨的話，就到棒球打擊中心去多做練習吧！」我必須告訴此人「從小學或國中時就要努力練習。若是對此沒有做到，就不要講出嫉妒的惡言」。

嫉妒心是很容易冒出頭來的，但是與其口出惡言，不如稱許好的事物，督促自己也有樣學樣。模仿值得仿效的人事，努力修行，以期自己能夠往前踏進一步，這是非常重要的事情。

如果不努力，盡可能增加富裕的人數，整個社會就不會獲得好處。

如果抱持著「蘋果派絕對不會再增加了。大家能做的就是一起爭奪那塊蘋果派」這樣的想法，那就會變成一個「弱肉強食」的世界。我們終歸必須要有「創造財富」的想法，務必要想出讓許多人可以賺到錢的方法。

就結論來說，方法只有一個。

只要努力創造出目前世上沒有的東西，持續做讓最多的人們感到喜悅的工作，就一定可以成功發展。就結構來說，這是必要的事情，所以，這絕對不是什麼難事。

但是，如果以「自我中心」來判斷事物的話，觀點就會產生偏差，經常會出現判斷錯誤的情形。

日本目前正持續處於「窮神政權」的狀況當中，所以勇敢地祭出繁榮的措施是必要的。

繁榮思考　後記

整個世界的經濟已經步入不振的階段，到達了不景氣，甚至是大恐慌的層級。日本在經濟上採取鎖國政策，似是以「一國安泰主義」為目標。

然而，窮神卻安坐在日本國土的正中央。並且日本政府正朝著緊縮通貨供給、緊縮財政、增稅政策前進。

這是一種不相信繁榮之神存在的「回到敗戰後」的文化。政府也許是覺得只要讓人民貧窮，政治家或公僕的權力就會增加吧？

「時間就是金錢」、「金錢就是時間」。此時的要務就是加速經濟發展的速度。「日幣升值」是上天要我們加速「印鈔」的啟示。在通貨緊縮的時代，我們不需要通貨膨脹戰士。重要的是對打出安打或全壘打的人，給予正面評價的文化。

幸福科學總裁　大川隆法